Der Manipulations-Bestseller

Der Manipulations-Bestseller

© 2009   Katharina von Saalburg
          Bernhard Seebrink

ISBN: 9783839166642
Herstellung und Verlag:
Books on Demand GmbH, Norderstedt

Bildrechte: www.fotolia.de
Black chess king with puppet's shadow ©
Khorzhevska

➢ Inhaltsverzeichnis

Impressum

Vorwort

Herzlich willkommen zum Manipulations-Bestseller, geschätzter Leser,

ist es bei Ihnen auch so, dass Sie sich bisweilen zu etwas überreden lassen, obwohl Sie es gar nicht wollen? Ihr Vorgesetzter überredet sie, Arbeiten zu erledigen, die eigentlich nicht in ihren Aufgabenbereich gehören? Ihr Lebenspartner bringt sie dazu, mit an einen Urlaubsort zu reisen, der ihnen überhaupt nicht gefällt? Sie lassen sich von ihren Freunden überreden, sich einen Kinofilm anzusehen, der ganz und gar nicht Ihrem Geschmack entspricht? Wie kommt es dazu?

Durch Manipulation!
(*lat. Handgriff, Kunstgriff, Handhabung*)

Irrtümlicher Weise glauben die meisten Menschen, dass Argumentation die bloße Präsentation reiner Fakten ist. Doch dabei wird übersehen, dass wir Menschen keine logischen Automaten sind, sondern Menschen, die voller persönlicher Erfahrungswerte, Glaubenssätze, Vorurteile, subjektiver Standpunkte und Weltanschauungen sind. Bei Glaubenssätzen und Meinungen gilt selten das Prinzip vorgebrachter logischer Vor- und Nachteile bezüglich einer bestimmten Angelegenheit, sondern das Prinzip der emotionalen Stärke. Und wenn Emotionen im

Spiel sind, spielen Manipulationen aller Art eine bedeutende Rolle.

Gemeinhin gilt Manipulation als ein Begriff aus der Psychologie, Soziologie und Politik, und bedeutet sinngemäß „die gezielte und verdeckte Einflussnahme, welche auf eine Steuerung des Erlebens und Verhaltens von Einzelnen und Gruppen zielen und diesen verborgen bleiben sollen". Mitunter wird die These vertreten (unter anderem in der neurolinguistischen Programmierung), dass Menschen einander manipulieren, sobald sie miteinander kommunizieren. Manipulation ist also etwas Alltägliches und wir alle sind ihr im Laufe unseres Lebens bereits mehrfach zum Opfer gefallen. Und von wem wurden bzw. werden wir manipuliert? Im Grunde von allem und jedem: Von Politikern, der Werbung, Idolen, Prominenten, Kollegen, Verkäufern, unseren Vorgesetzen, Filmen, Liedern, den Schulen, den Religionen, den Traditionen, der Gesellschaftskultur, unseren Eltern. Jeder Mensch versucht bisweilen, andere zu beeinflussen und in seinem Sinne umzustimmen. In diesem Zusammenhang stellt sich die Frage:

Wie kann man sich vor Manipulationen schützen?

Indem man genau darüber Bescheid weiß, wie manipuliert wird. Verfügt man über dieses Wissen, ist es ein Leichtes, Manipulationen als solche zu erkennen und sich vor ihnen zu schützen bzw. Gegenmaßnahmen zu ergreifen.

Es gibt viele verschiedene Manipulationsmethoden, die wir im Verlaufe des Buches kennenlernen werden. Dabei kann man unterteilen in „blockieren" (Ausweichmanöver bei unangenehmen Fragen, Antwort verweigern, sich dumm stellen und so tun, als würde man etwas nicht verstehen), „sich durchsetzen" (Zeitdruck schaffen, falsche Statistiken einsetzen, den Gesprächsgegner verbal persönlich attackieren, Emotionen aufbauschen und damit die Sachlichkeit verdrängen, schlechtes Gewissen erzeugen), „das Gespräch bewusst sabotieren" (das Gespräch ganz gezielt abbrechen und der Gegenseite dafür die Verantwortung zuschieben) und viele mehr. Das Buch beschreibt auch die Gegenmaßnahmen, die vor Manipulationen schützen (z.B. Manipulationsmethoden beim Namen nennen, die Manipulationen gegen den Manipulator wenden, kritisch nachfragen, Schwachpunkte hervorheben …).

Alle diese Methoden zu kennen, bedeutet, dass man sich in Zukunft nicht mehr manipulieren zu lassen muss, aber auch, dass man Manipulationstechniken für den eigenen Vorteil bewusst und gezielt einsetzen kann, um persönliche Ziele schneller und effektiver zu erreichen. Daran ist nichts Verwerfliches, solange wir dabei nach der goldenen Regel vorgehen: „*Was Du nicht willst, dass man Dir tut, das füge auch keinem anderen zu.*" Wenn wir jemanden manipulieren, sollte dies nicht zum Nachteil der manipulierten Person geschehen. Es ist durchaus möglich, andere Menschen zu manipulieren, ohne ihnen zu schaden. Die Manipulation an sich ist etwas völlig Wertneutrales, sie ist weder gut, noch böse. Erst die Absichten der Menschen, die Manipulation einsetzen, geben der Manipulation eine Wertigkeit. So manipulieren beispielsweise Eltern ihre Kinder kontinuierlich, doch nicht um ihnen Schaden zuzufügen, sondern im Normalfall, um ihnen das Leben zu erleichtern. Möglichkeiten der positiven Manipulation gibt es mehr als genug.

Kommen wir nun ohne Umschweife zu den verschiedenen Manipulationsmethoden, derer wir gewahr werden möchten. Beherrschen wir diese Methoden, sind wir in der Lage, unsere Ziele schneller zu erreichen, unser Leben erfolgreicher zu gestalten und selbstbestimmter zu leben.

DIE SCHWARZ-WEIß-TAKTIK

Die Entweder-Oder-Methode ist ein zeitloser Klassiker unter den Manipulationstechniken. Man schränkt den Spielraum des Gesprächspartners ein, indem man ihm zwei Optionen vorsetzt. Entweder man erledigt eine bestimmte Aufgabe auf die erste vorgeschlagene Art und Weise oder auf die zweite vorgeschlagene Art und Weise. Dass es womöglich noch eine dritte, vierte und viele andere Lösungsmöglichkeiten gibt, wird hierbei nicht erwähnt. Diese Methode wird oft von Verkäufern angewandt.

Ein Kunde schaut sich in einem Modegeschäft eine bestimmte Art von T-Shirts an.

Verkäufer: „Hallo, kann ich Ihnen helfen?"
Kunde: „Na ja, ich weiß nicht so recht. Ich habe vor, mir ein T-Shirt zu kaufen. Dieses hier gefällt mir ganz gut. Ich bin mir aber noch nicht ganz sicher."
Verkäufer: „Mögen Sie lieber helle oder dunkle Farben?"
Kunde: „Lieber helle."
Verkäufer: „Dann kann ich Ihnen entweder weiße oder gelbe T-Shirts empfehlen. Soll ich sie gleich einpacken?"

Noch ehe Kunden sich versehen, haben Verkäufer sie mit der Entweder-Oder-

Methode in den meisten Fällen überrumpelt. Mit der Entweder-Oder-Redewendung schafft der Verkäufer eine Situation, in der davon ausgegangen wird, dass der Kunde auf jeden Fall etwas kaufen wird und dass nur noch darüber entscheiden wird, um welche Menge, Farbe oder Größe es sich handelt. Dass der Kunde womöglich gar nichts kaufen will, wird dabei vollkommen ausgeblendet. Dadurch entsteht ein subtil erzeugter psychischer Druck gegenüber dem Kunden, der nun nicht in die Verlegenheit geraten will, sich als jemand zu entpuppen, der sich nur umschaut und nichts kauft. Kunden ohne ein gewisses Maß an Selbstbewusstsein werden der vom Verkäufer geschaffenen Erwartungshaltung nicht widerstehen und sich zum Kauf überreden lassen.

Selbstbewusste Menschen werden eine solch einseitige und alternativlose Scheuklappensicht ignorieren und eine Entscheidung treffen, die nicht auf der Erwartungshaltung Dritter beruht, sondern die dem eigenen Denken entstammt.

Verkäufer: „Ich kann Ihnen die T-Shirts entweder einpacken oder sie probieren eins gleich an und lassen es nach der Bezahlung an.“
Kunde: „Interessanter Vorschlag, aber wenn man sie so reden hört, entsteht fast der Eindruck, als hätte ich nur diese zwei Optionen. Wissen Sie was? Ich schau mich weiter um

und wenn ich mich zum Kauf entscheide, werde ich mich an sie wenden."

In der Firma gibt es zwischen zwei Mitarbeitern einen heftigen Streit. Der Firmenchef soll sich der Sache annehmen. Ein Abteilungsleiter ist parteiisch und versucht den Firmenchef dahingehend zu manipulieren, einen der beiden Streithähne zu entlassen oder ihn in eine andere Niederlassung zu versetzen (weil er persönlich mit ihm nicht auskommt).

Abteilungsleiter: „So geht das mit diesem Meier einfach nicht mehr weiter. Ständig eckt er an und ist auf Streit aus. Heute hat er es auf Schulze abgesehen. Der Meier hält den ganzen Betrieb auf mit seiner Streitsucht. Es kommt mir so vor, als müssten wir eine Entscheidung treffen. Und dabei gibt es nur zwei Lösungsmöglichkeiten: Entweder Meier entlassen oder ihn in eine andere Niederlassung versetzen. Hierbei gibt es ganz sicher keinen Mittelweg."
Chef: „Wie kommen Sie denn zu dieser Standardeinschätzung? So wie Sie das sagen, klingt das ja fast so, als ob es kaum noch Raum gäbe für weitere Möglichkeiten. Die gibt es aber eindeutig. Schicken Sie mir Herrn Meier in einer Viertelstunde in mein Büro, und Schulze ebenfalls. Ich werde mit beiden in aller Ruhe über den heutigen Vorfall sprechen und der Sache auf den Grund

gehen. Dann kann ich immer noch entscheiden, wie ich vorgehe. "

Sobald ein „entweder-oder" zu hören ist, sollten Sie hellhörig werden, diese Aussage genau durchleuchten und selbst entscheiden, ob es nicht noch andere Optionen gibt.

DIE GARANTIETAKTIK

Besonders überzeugend wirkt eine Aussage, wenn ihre Richtigkeit „garantiert" wird. Dies erweckt den Eindruck, dass man sich voll und ganz auf das, was geäußert wird, verlassen kann. Wenn der Manipulator einen hohen gesellschaftlichen Rang oder sonst eine angesehene Stellung innehat, wirkt die Garantie umso glaubwürdiger. Sollte jemand die Garantie in Zweifel ziehen, dann besteht die Gefahr, dass diese Zweifel als persönlicher Angriff auf den Garantiegeber ausgelegt werden.

Ralf hat finanzielle Schwierigkeiten und kann seine Miete in Höhe von 500 Euro nicht bezahlen. Er besucht seinen guten Freund Michael und bittet ihn, ihm 500 Euro zu leihen. Simone, Michaels Freundin, ist skeptisch, ob

Ralf das geliehene Geld jemals wieder zu-
rückzahlen kann.

*Ralf: „Ich gebe Euch Brief und Siegel darauf,
dass ihr das Geld in spätestens vier Monaten
zurück bekommt. Das kann ich Euch hoch
und heilig versichern.*

Wie geht man gegen die Garantietaktik vor?
Indem man durch die richtigen Fragen Be-
weise für die geäußerte Garantie einfordert.
Michaels Freundin Simone, die nicht daran
glaubt, dass Ralf den geliehenen Geldbetrag
zurück zahlt, könnte so vorgehen:

*Simone: „Ralf, ich finde es ja sehr nett, dass
Du Dir vorgenommen hast, uns das Geld in
spätestens vier Monaten zurückzugeben,
aber worauf gründet sich Deine Aussage?
Soweit ich das verstanden habe, bist Du
hoch verschuldet und hast derzeit auch keine
Aussicht auf einen Job. Also was macht Dich
so sicher, dass Du uns das Geld in vier Monaten zurückgeben kannst?"*

Regina und Torsten heiraten. Bereits bei der
ersten großen Familienfeier geraten Regina
und ihre Schwiegermutter aneinander. Regina hat den Eindruck, dass ihre Schwiegermutter sie nicht leiden kann. Torsten versucht sie zu überzeugen, dass dem nicht so
ist.

Torsten: „Liebling, ich bin mir absolut sicher, dass meine Mutter heute nur einen schlechten Tag hatte. Ich würde Euren Streit nicht so überbewerten. Für mich besteht nicht der Hauch eines Zweifels daran, dass ihr beide in Zukunft super miteinander klar kommen werdet."

Regina, die davon überzeugt ist, dass ihre Schwiegermutter sie nicht ausstehen kann, könnte die Garantie-Aussage ihres Ehemanns Torsten folgendermaßen aushebeln:

Regina: „Ich freue mich, dass Du so zuversichtlich bist, Schatz, aber worauf stützt sich Deine Aussage? Wie kommst Du darauf, dass in Zukunft das Verhältnis zwischen Deiner Mutter und mir besser wird? Wenn Du Deine Aussage mit etwas Überzeugendem untermauern kannst, wäre ich bestimmt auch imstande, daran zu glauben."

Sven und Gisela sind seit 3 Jahren selbständig und betreiben eine Werbeagentur. Sven neigt dazu, sich zu viel Arbeit aufzubürden und ist oft zeitlich überfordert. Er ist der Grafikdesigner der Agentur und u.A. für die grafischen Layouts von Internetseiten zuständig. Ein Großauftrag für einen Konzern winkt, der die Erstellung von einer Internetseite und Werbetexten für einige Werbekampagnen beinhaltet. Jedoch ist Gisela auf Grund der Erfahrungen aus der Vergangenheit etwas skeptisch, dass Sven nach den zeitlichen

Vorgaben des Kunden rechtzeitig seinen Teil der Arbeit beenden kann.

Sven: „Dieser Auftrag ist ein Meilenstein in unserer kurzen Firmengeschichte. Ich kann Dir absolut versichern, dass ich das Layout in 2 Wochen fertig habe und der Kunde hoch zufrieden sein wird, so dass wir die folgenden Werbekampagnen betreuen werden und einen dauerhaften Kunden für viele Jahre haben werden."

Gisela ist sich nicht sicher, dass Sven seine Versprechungen einhalten kann und könnte wie folgt kontern:

Gisela: „Toll, dass Du die Wichtigkeit dieses Kunden erkennst, Sven. Ich würde gerne wissen, warum Du so sicher bist, dass Du Deinen Teil der Arbeit in 2 Wochen beendet hast? Wie viele Aufträge hast Du derzeit noch zu bearbeiten? Lass uns Deine Zeitplanung doch zusammen durchgehen. Sollte sich dann doch herausstellen, dass Du zu viel zu tun hast, sollten wir für diesen Teil einen externen Grafikdesigner hinzuziehen, denn die Folgeaufträge dieses Kunden werden unsere Existenz auf Jahre sichern."

Eine Garantie ist kein Beweis und letzten Endes besteht sie nur aus daher gesagten Worten. Die Beweislast liegt beim Garantiegeber und daran sollte man ihn freundlich, aber bestimmend erinnern.

DIE NAIVITÄTS-TAKTIK

Jede Argumentation gegen jemanden kann als ein Angriff gewertet werden. Wenn Sie sich aber wie ein Kleinkind dumm stellen und kritische Fragen stellen, stellen Sie sich selbst als harmlos und naiv dar. Sie haben keinen „Streit" eröffnet, sondern bleiben in der Rolle des naiven Fragers, der keine bösen Hintergedanken hegt. Deshalb bieten Sie Ihrem Gegenüber auch keine Angriffsfläche, so dass seine Gegenmaßnahmen ins Leere laufen und wirkungslos verpuffen. Gleichzeitig muss er sich rechtfertigen für seinen Manipulationsversuch. Mich persönlich erinnert diese Taktik an die Fernsehserie „Columbo", in der der ermittelnde Hauptprotagonist immer sehr naiv daherkam, es aber faustdick hinter den Ohren hatte.

Die neunte Klasse eines Gymnasiums besucht den Bundestag und darf den Politikern Fragen stellen. Ein aus Funk und Fernsehen bekannter Politiker hatte vor der Wahl vollmundig versprochen, dass er im Falle seiner Wahl die Steuern senken und neue Arbeitsplätze schaffen würde. Dies ging wochenlang durch alle Medien. Auch die Schüler wissen davon. Während des Interviews spricht der Politiker von der Notwendigkeit einer Steuererhöhung und befürwortet die Entscheidung eines großen Unternehmens, mehrere Niederlassungen zu schließen (was zu mehr

Arbeitslosigkeit führt). Er lenkt von seinen Versprechen vor der Wahl ab und versucht den Eindruck zu erwecken, als seien seine derzeitigen Entscheidungen richtig und gut für das Land. Der Schüler Markus Meier stellt sich.

Markus: „Äh, ich verstehe das nicht ganz, aber vielleicht können Sie mir das mal erklären. Erst waren Sie für eine bestimmte Sache, was dazu geführt hat, dass sie gewählt wurden. Und jetzt, wo die Wahl zu Ihren Gunsten verlaufen ist und Sie an der Macht sind, machen Sie etwas ganz anderes? Da komme ich jetzt nicht ganz mit. Ich dachte immer, was man verspricht, das muss man auch halten, weil sonst einem niemand mehr was glaubt. Wenn ich meine Versprechen breche, dann nennt man mich einen Lügner. Kann man jetzt sagen, dass Sie ein Lügner sind, der über 80 Millionen Menschen belogen hat? Wäre das richtig?"

In dem Unternehmen, in dem sie arbeiten, setzt sich der Betriebsrat nicht ausreichend für die Interessen der Arbeiterschaft ein. Stattdessen decken sich die Ansichten und Meinungen der Mitglieder des Betriebsrates stets mit denen der Firmenführung. Das gibt Anlass zu der dringenden Vermutung, dass der Betriebsrat und die Firmenführung Hand in Hand zusammenarbeiten. Bei der Betriebsratsversammlung stellt der Angestellte

Frank sich dumm und geht gut getarnt in die Offensive.

Frank: *„Äh, ich bin jetzt etwas verwirrt. Ich bin ja noch nicht lange hier, aber ich dachte immer, der Betriebsrat sei dazu da, die Interessen der Arbeiterschaft zu vertreten. Aber soweit ich das sehen kann, macht ihr das ja gar nicht. Ich bin wahrlich kein Experte in solchen Dingen, aber ich denke, dass ihr alle wieder abtreten müsstet, weil ihr nicht Eurer Pflicht nachkommt. Vielleicht liege ich ja auch falsch. Könnt ihr mir das einmal erklären?"*

Ohne persönlich zu werden fordert Frank den Betriebsrat dazu auf, klipp und klar darzulegen, warum er die Interessen derjenigen, die ihn gewählt haben, nicht vertritt.

DIE TRADITIONS-TAKTIK

Tradition ist ein starkes psychologisches Druckmittel. Weil der Vater, der Großvater und auch der Urgroßvater etwas auf eine bestimmte Weise gemacht haben (und das erfolgreich), wird es heute weiterhin so gemacht. Dabei wird nicht hinterfragt, ob man bestimmte Vorgänge optimieren und verbessern kann. Für gewöhnlich wird Tradition als Argument ins Feld geführt, wenn es darum geht, alles beim Alten zu belassen und eventuelle Veränderungen zu verhindern. Dies ist nicht verwunderlich, da es die Natur des Menschen ist, gegenüber Neuem erst einmal skeptisch, vorsichtig und bisweilen misstrauisch zu sein.

In der Firma XY übernimmt der Sohn des Seniorchefs den Posten des Geschäftsführers und beschließt als erstes die Einführung eines neuen, recht kostspieligen EDV-Systems. Der Seniorchef ist mit dieser Entscheidung nicht einverstanden.

Seniorchef: „Wozu brauchen wir ein neues EDV-System? Unser altes System hat bisher immer ausgereicht und uns stets zufrieden gestellt. Alle Mitarbeiter kennen sich damit gut aus. Weshalb sollten wir Ihnen jetzt zumuten, etwas Neues zu lernen, wenn es doch nicht unbedingt erforderlich ist? Außer-

dem halte ich den Preis für das neue EDV-System viel zu hoch. Dieser Preis überschreitet ganz eindeutig die Grenze, die wir uns seit Jahren für solche Käufe gesetzt haben. Dein Großvater würde sich im Grabe umdrehen, wenn er sehen würde, wie viel Geld Du für etwas völlig Überflüssiges ausgeben willst. Bleiben wir lieber beim Altbewährten."

Sohn: „Es mag ja sein, dass wir bislang immer nur eine bestimmte Summe für unser EDV-System ausgegeben und immer auf dasselbe Pferd gesetzt haben, aber MUSS es deshalb so bleiben? Ist das wirklich ein Grund, die Dinge nicht zu verbessern? Manchmal ist es notwendig, über alte Grenzen und Traditionen hinauszuwachsen und neue Wege zu gehen. Nur so entwickelt man sich weiter. Und was den auf den ersten Blick ach so hohen Preis für das neue EDV-System betrifft, bin ich der Meinung, dass Qualität nun einmal ihren Preis hat. Ich habe mich über das neue System ganz genau informiert und das Preis-Leistungsverhältnis ist ausgezeichnet. Es bringt uns einen großen Nutzen, vereinfacht unsere alltäglichen Arbeiten und lässt uns in derselben Zeit wesentlich mehr schaffen – alles in allem eine unbezahlbare Hilfe. Langfristig gesehen macht die Anschaffung also vor allem aus Kostengründen Sinn. Vergessen wir doch einmal die Vergangenheit und unsere bisherigen Regeln, und blicken stattdessen nach vorn."

Seniorchef: „Die Vergangenheit vergessen? Das kann doch wohl nicht Dein Ernst sein? Du sprichst hier von jahrzehntelanger Erfahrung. Die können wir doch nicht einfach zu den Akten legen."

Sohn: „Das verlangt ja auch niemand von uns, Vater. Aber da die Welt nie still steht und sich täglich ändert, ist es ratsam, dass wir uns den neuen Gegebenheiten anpassen. Eine Erfahrung von gestern ist oft hilfreich, aber sie ist kein Patentrezept. Was gestern gut war, kann heute schlecht sein und uns schaden. Deshalb sollten wir unsere heutigen Entscheidungen nicht davon abhängig machen, was in der Vergangenheit vorteilhaft war."

Nur weil etwas lange Bestand hat, bedeutet das noch lange nicht, dass es zwangsläufig richtig sein muss. Die Zeiten ändern sich und mit genau dieser Begründung lässt sich die Traditionstaktik (auch Killerphrase genannt) leicht aushebeln. Auch lassen sich ausreichend Beispiele aus der Menschheitsgeschichte aufzählen, die ganz klar demonstrieren, dass man über sich hinauswachsen muss, um Fortschritte zu erzielen. Pferde wurden durch Autos ersetzt, Schreibmaschinen durch Computer, Segelschiffe durch motorisierte Boote. Diese Liste lässt sich belieb lang fortsetzen.

DIE PERSPEKTIV-TAKTIK

Völlig unabhängig um welches Thema es sich handelt, stets sollten wir uns mit dem Für und dem Wider befassen, bevor wir zu einem Entschluss gelangen. Nur wenn wir ein Thema von beiden Seiten beleuchten, sind wir in der Lage, uns für eine Seite zu entscheiden.

Ralf überlegt sich, ob er einem Sportverein beitreten soll. Dabei denkt er an die möglichen Nachteile, die sich ergeben könnten: „Hmm, wenn ich mich im Sportverein verletzte, dann kann es passieren, dass ich wochenlang oder vielleicht sogar mehrere Monate lang nicht mehr arbeiten gehen kann. Das würde meinem Arbeitgeber ganz und gar nicht gefallen. Dadurch würde ich mit Sicherheit meinen Job verlieren. Und zudem bin ich körperlich überhaupt nicht fit und die anderen Mitglieder im Verein würden sich über meine schlechte Form bestimmt lustig machen. Darauf kann ich gut verzichten."

Regina überlegt sich, ob sie eine besser bezahlte Stelle annehmen soll. In ihrem jetzigen Job verdient sie ganz gut, doch einige Wünsche kann sie sich mit ihrem Gehalt noch nicht erfüllen. Doch es kommen ihr einige Zweifel: „Die neue Arbeitsstelle bringt mir mehr Geld, aber was passiert, wenn ich mit dem Chef und den anderen Angestellten nicht auskomme? Hier weiß ich zumindest, was ich habe. Aber auf der neuen Stelle kann mich weiß Gott was erwarten. Die Bezahlung ist zwar höher, aber in meinem Alter nochmal den Arbeitsplatz wechseln? Ob das gut geht?"

Sowohl Ralf, als auch Regina gehen sehr einseitig an ihr Thema heran und heben lediglich die Nachteile hervor, so dass sie die „Vorteilsperspektive" grob vernachlässigen. Mit solch einer Vorgehensweise bringen sie sich selbst um eine vorurteilsfreie und objektive Betrachtung der ganzen Angelegenheit.

Mittels der Vorteil- und Nachteilsperspektive lassen sich leicht Manipulationen ausführen.

Michael will seine Frau davon überzeugen, dass ein Umzug aufs Land das Richtige für sie ist. Er rechnet bereits mit ihrem Widerstand, deshalb nimmt er die Rolle des angeblich Neutralen und Objektiven ein, der sich sowohl mit dem Pro, als auch mit dem Kontra eingehend beschäftigt hat.

Michael: „Ich bin mir sehr wohl darüber im Klaren, dass ein Umzug aufs Land uns viel Zeit und Energie kosten würde, aber die Vorteile eines Umzugs sind um ein Vielfaches größer. Denke nur einmal daran, wie gut uns die Ruhe auf dem Land tut - besonders vor dem Hintergrund, dass es auf Deiner Arbeit derzeit so stressig zugeht.“

Michael benennt zwar einen Nachteil (Zeit und Energie), handelt diese Themen aber als irrelevante Nebensächlichkeit ab und unterstreicht dabei gleichzeitig alle Argumente, die für einen Umzug aufs Land sprechen. Michaels Frau könnte nun folgendermaßen kontern:

„Den Vorteil der Ruhe und Entspannung zweifle ich ja gar nicht an, Liebling, aber könnte es nicht sein, dass Du die Sache mit dem von Dir geplanten Umzug nicht etwas zu einseitig betrachtest? Du hast zwar einen Nachteil zur Sprache gebracht, aber meiner Ansicht nach bist Du nicht richtig auf ihn eingegangen. Zudem scheint mir, dass Du andere Nachteile wie beispielsweise den längeren Weg zur Arbeit völlig übersehen hast.“

Damit hat Michaels Frau wieder eine ausgewogene Sicht auf das Gesprächsthema geschaffen und Michaels Argument zu einem beträchtlichen Teil entkräftet.

DER DEFINITORISCHE RÜCKZUG

Immer dann, wenn ein Manipulator in Bedrängnis gerät, wendet er für gewöhnlich diese Methode an, um aus seiner Sackgasse heraus zu kommen, ohne dabei bloßgestellt zu werden. Hierbei wandelt er die Aussageabsicht seiner zuvor vorgebrachten Argumentation einfach ab.

Albert ist Verteidigungsminister und auf einen Krieg mit dem Nachbarland aus, um sich dessen Bodenschätze anzueignen. Im Auftrag mehrerer Lobbys soll er in der Öffentlichkeit von der Gefahr der Regierung im Nachbarland warnen und einen „gerechten Krieg" als vertretbar beschreiben.

Albert: „Wir müssen unser Nachbarland präventiv angreifen, koste es, was es wolle. Und dabei dürfen wir keine übertriebene Rücksicht walten lassen, sondern mit allem zuschlagen, was wir waffentechnisch aufzubieten haben. Es steht einfach zu viel auf dem Spiel, als dass wir uns jetzt .noch Blöße geben."
Regina (Kriegsgegnerin): „Wie können Sie so etwas sagen? Das klingt ja so, als ob Ihnen all die Menschenopfer, die dabei entstehen, völlig gleichgültig sind? Ist das der Standpunkt, den Sie vertreten?"

Albert: „Ich meinte natürlich nicht, dass wir einfach so blind drauflos schießen. Mir geht es nicht darum, unschuldige Menschen zu verletzen, sondern es geht mir darum, Opfer zu vermeiden. Und das gelingt uns am besten und am schnellsten, indem wir die Regierung im Nachbarland stürzen."

Um den Manipulator auf seine zuvor gemachte Behauptung festzunageln, sollte man ihn dazu auffordern, seine Position klar und unmissverständlich darzulegen. Hat er das einmal getan, wird ihm eine Abwandlung seiner Aussageabsicht von mal zu mal schwerer fallen.

Regina: „Lieber Herr Verteidigungsminister, es wäre schön, wenn sie ihre Meinung endlich einmal deutlich und präzise formulieren würden, anstatt diese im weiteren Verlauf des Gesprächs immer wieder neu zu definieren. Auf diese Weise könnten wir endlich ihren Standpunkt und alle sich daraus ergebenden Konsequenzen erfahren. Machen Sie bitte endlich eine klare und unmissverständliche Aussage."

Ingo ist Geschäftsführer der Firma XY und plant einen Personalabbau. Er stößt dabei auf den Widerstand des Betriebsratsvorsitzenden Michael.

Ingo: „Die wirtschaftlichen Zeiten sind schwer und es führt unter den gegebenen Umständen kein Weg daran vorbei – wir MÜSSEN 12 Mitarbeiter entlassen. Daran gibt es nichts zu rütteln. 12 Angestellte müssen weg!"
Michael: „Das meinen Sie doch nicht wirklich ernst. Sie sagen selbst, dass die Zeiten verdammt hart sind. Und da wollen Sie ohne mit der Wimper zu zucken 12 Mitarbeiter auf die Straße setzen? Und das nur wegen irgendwelcher Umstände? Wie wäre es denn, wenn wir an den Umständen arbeiten und sie ändern, statt uns den Umständen zu beugen?"

Ingo bemerkt, dass sein Standpunkt sehr unpopulär ist und auf wenig Gegenliebe stößt. Man unterstellt ihm fehlende Menschlichkeit, also wandelt er die Intention seiner zuvor angeführten Argumente ab.

Ingo: „Ich meinte natürlich nicht, dass es mir um die Entlassung der Mitarbeiter geht. Im Vordergrund steht ganz klar die Gewährleistung der Überlebensfähigkeit unseres Unternehmens."

Auch hier sollte man den Manipulator auffordern, eine klare und deutliche Ansage zu machen und nicht ständig die Intention seiner Argumentation zu modifizieren.

Dieter ist der Vorgesetzte der Buchhaltung einer mittelständigen Firma. Er hegt persönlichen Groll gegen Franziska. Um Ihr näher zu kommen, hatte Dieter in der Vergangenheit mehrmals Franziska zum Abendessen eingeladen, was sie aber jedes Mal ablehnte, da sie der Überzeugung ist, dass Berufsleben und Privatleben getrennt bleiben sollten. Weil Dieter nun beleidigt ist, versucht er, wo er nur kann, Franziska zu benachteiligen.

Dieter: „Die Bilanzen des letzten Quartals müssen unbedingt bis Montag fertig sein. Die Geschäftsleitung erwartet dies. Franziska, wir haben bereits Freitag und da sie meines Erachtens diese Woche zu langsam gearbeitet haben, nehmen Sie gefälligst am Wochenende die Arbeit mit nach Hause, um das Versäumte nachzuholen."
Franziska: „Das kann doch wohl nicht wahr sein. Während meine Kollegen maßlos Ihre Pausen überziehen, bin ich stets pünktlich und habe bereits vor zwei Wochen Arbeit übers Wochenende mit nach Hause genommen. Ich glaube, dass Sie mir die Arbeit aufbürden wollen, weil ich Ihren Annäherungsversuchen nicht nachgegeben habe. Vielleicht sollte ich mich mal bei der Geschäftsleitung erkundigen, wie sie das ständige ungewünschte Werben eines Vorgesetzten gegenüber einer Angestellten empfinden?"

Dieter merkt nun, dass er zu weit gegangen ist und befürchtet, dass er ernsthafte Probleme bekommen könnte, falls Franziska wirklich die Geschäftsleitung über sein Verhalten informiert.

Dieter: „Franziska, ich bin derzeit ein wenig überarbeitet und stehe selbst unter großem Termindruck gegenüber der Geschäftsleitung. Dass Sie vor zwei Wochen Arbeit mit nach Hause genommen haben, ist mir leider entfallen. Ich werde schauen, dass ein Kollege Sie bei der Bilanz unterstützt. Notfalls werde ich eine Fristverlängerung bei der Geschäftsleitung beantragen."

DIE FORMULIERUNGS-TAKTIK

Besonders von Politikern kennen wir diese Manipulationsmethode. Man drückt sich derart vage und ungenau aus, so dass man nicht auf eine klare Position eingegrenzt werden kann. Wird die Position des Manipulators angegriffen, bleibt ihm ein großer Spielraum, um seiner Aussage eine gänzlich andere Bedeutung zuzuweisen.

Wolfgang ist Politiker und verspricht im Falle seiner Wiederwahl drastische Steuersenkungen. Damit sichert er sich die Gunst von 90% der Wähler, die seine Wahlversprechen als glaubwürdig erachten. Als Wolfgang schließlich gewählt wird, bleiben die Steuern unverändert. Als die Presse ihn auf sein Wahlversprechen anspricht, nutzt er die hier beschriebene Manipulationsstrategie.

Presse: „Sie haben vor Ihrer Wahl Steuersenkungen versprochen. Bislang ist aber noch nichts in dieser Richtung von Ihnen getan worden."
Wolfgang: „Aber meine Damen und Herren von der Presse, ich bitte sie. Natürlich habe ich vor der Wahl zugesichert, dass ich die Steuern senken werde, aber doch erst, wenn alle Voraussetzungen dafür geschaffen sind."

Wolfgang benutzt eine Formulierung, die derart unpräzise und mehrdeutig ist, dass man nichts Greifbares, nichts Konkretes daraus entnehmen kann. Die Voraussetzungen, wie Wolfgang sie nennt, sind weder benannt, noch weiß man, wann diese Voraussetzungen erfüllt sind – nächste Woche oder in 50 Jahren.

Presse: „Welche Voraussetzungen sind das und wann werden sie erfüllt?"
Wolfgang: „Die Voraussetzung ist natürlich die, dass unsere Wirtschaft erst einmal wieder in ruhigem Fahrtwasser sein muss und sich alle Wolken verzogen haben müssen. Sobald diese Voraussetzungen geschaffen sind, können wir über eine Steuerreduzierung sprechen."

Presse: „Und wann werden diese Voraussetzungen geschaffen sein?"

Wolfgang: „Das hängt von einer ganzen Reihe Faktoren ab, die sich erst alle abwägen lassen, wenn der derzeitige Zustand der Weltwirtschaft sich normalisiert hat."

Wolfgang lässt sich mit dieser Manipulationsmethode alle Türen offen und bleibt unangreifbar. Niemand kann ihm zu einem späteren Zeitpunkt konkrete Vorwürfe machen, weil er nie etwas Konkretes von sich gegeben hat. In diesem Falle sollte man den Manipulator auffordern, seinen Standpunkt zu präzisieren:

„Das klingt ja alles sehr interessant, aber im Grunde sind die von Ihnen gemachten Angaben derart unpräzise, dass sie praktisch nichtssagend und wertlos sind. Bitte erklären Sie uns Ihren Standpunkt verständlich, klar und deutlich."

Jan ist Georgs Vorgesetzter in einem großen Unternehmen. Georg macht ständig Überstunden, da Jans Abteilung mit Arbeit überlastet ist und das abzuarbeitende Soll nicht schafft. Dieser Zustand herrscht nun seit einem Jahr an. Trotz monatelanger Versprechungen von Jan, hat sich daran immer noch nichts geändert. Auch in diesem Fall nutzt Jan die Formulierungstaktik:

Georg: „Seit ca. einem Jahr mache ich ständig Überstunden. Langsam stoße ich an meine gesundheitliche Belastungsgrenze. Seit Monaten versprechen Sie mir bereits, dass wir zur Entlastung neue Mitarbeiter für unsere Abteilung bekommen. Bisher ist aber immer noch nichts geschehen."

Jan: „Sicher habe ich schon vor Monaten versprochen, dass wir neue Mitarbeiter bekommen. Das wird auch so passieren, wenn die Voraussetzungen erfüllt sind."

Auch in diesem Beispiel drückt sich Jan absolut unpräzise aus; Georg ist natürlich nicht bekannt, wann und welche Voraussetzungen erfüllt werden.

Georg: „Von irgendwelchen Voraussetzungen haben wir aber noch nie gesprochen. Um welche handelt es sich und wann werden diese erfüllt sein?"

Jan: „Erst einmal müssen wir räumlichen Platz für neue Mitarbeiter schaffen und außerdem müssen wir dafür auch den finanziellen Rahmen gesteckt haben. Dann können wir neue Mitarbeiter einstellen."

Georg: „Und wann soll dies alles bitteschön geschehen?"

Jan: „Das hängt natürlich auch von der Bewilligung eines größeren Budgets für unsere Abteilung ab, über welches ich mit der Geschäftsleitung verhandeln kann, sobald einige Prozesse im Betrieb glatt gezogen sind."

In diesem Fall hat Jan ebenfalls dafür gesorgt, dass er nicht als Schuldiger oder als Wortbrecher da steht. Auch hier sollte Georg seinen Vorgesetzten versuchen, dahin zu bewegen, dass er genauere Angaben zur Sache macht:

Georg: „Ihre Angaben sind nicht gerade aussagekräftig und ich stehe genauso unwissend da wie vorher. Ich bitte Sie mir die Zusammenhänge unseres Budgets mit den sogenannten Prozessen im Betrieb genauer zu erklären. Am wichtigsten ist mir hierbei auch der zeitliche Ablauf."

DIE SOLIDARITÄTS-TAKTIK

Wenn man einen oder mehrere Menschen für sich und seine Sache gewinnen will, ist es angebracht, eine Gemeinsamkeit untereinander zu finden und diese hervorzuheben, so dass eine gewisse Solidarität, ein bestimmtes Gruppenbewusstsein entstehen. Dies kann man erreichen durch Gemeinsamkeiten wie Nationalität, Religion, Geschlecht, sozialen Status, Stellung innerhalb der Firma, finanzielle Interessen, Alter, Schicksalsschläge und vieles mehr. Besteht keine

100%ige Gemeinsamkeit, so kann man auch durch eine Ähnlichkeit Solidarität schaffen. Beispielsweise ähneln sich die Sprachen, Sitten und Gebräuche der Österreicher und der Deutschen. Diese beiden Volksgruppen sind sich näher, als beispielsweise Spanier und Polen.

Eine Gruppe für die Durchsetzung von bestimmten Interessen ist für einen Manipulator immer von Vorteil, da es leichter ist, eine Gruppe von etwas zu überzeugen, als ein einzelnes Individuum. Eine Gruppe ist weniger kritisch und jedes Gruppenmitglied lässt sich von der Gruppendynamik mehr oder weniger anstecken, und folgt der Mehrheit im festen Glauben, dass die große Mehrheit schon weiß, was sie tut. Der dabei entstehende soziale Druck sorgt mit großer Zuverlässigkeit dafür, dass niemand aus der Gruppe „ausschert". Natürlich kann man ein WIR-Gefühl auch zwischen sich und einer anderen Einzelperson schaffen.

Ralf, der Inhaber der Firma X trifft auf Robert, den Inhaber der Firma Y. Das Treffen ist persönlicher Natur, beide kennen sich bereits seit der Schulzeit und treffen sich seit Jahren regelmäßig zum Tennis. Beide Firmen sind in derselben Branche tätig und Ralf hat die Absicht, Robert davon zu überzeugen, die beiden Firmen zusammenzuführen. Dazu will er das WIR-Gefühl untereinander betonen und dadurch eine vertrauensvolle

Atmosphäre schaffen, in der geschäftliche Entscheidungen nicht nur mit dem unternehmerischen Verstand getroffen werden, sondern auch mit dem Gefühl der Freundschaft bzw. dem Gefühl der Solidarität.

Ralf: „Robert, alter Junge, wir beide sind schon fast wie Brüder. Wir haben dieselben Interessen und Hobbys, wir haben dieselben Ziele, sind beide geschieden, sind beide sehr kreativ, haben beide unternehmerisch was drauf und vertrauen uns gegenseitig. Solch eine Konstellation wie unsere lässt sich nicht mal eben so aus dem Ärmel schütteln. Wenn ich mir Dein Leben so anschaue, ist es fast so, als schaue ich auf mein eigenes. Mit anderen Worten: Wir haben unglaublich viele Gemeinsamkeiten, was die Voraussetzung für eine gute Freundschaft und auch für eine erfolgreiche geschäftliche Zusammenarbeit ist. Sag mal, ist Dir schon mal der Gedanke gekommen, dass wir unsere Firmen zusammenschließen könnten? Gemeinsam könnten wir viel mehr zustande bringen, als wir einzeln dazu fähig sind. Weißt Du eigentlich, was für ein tolles Team wir abgeben würden, wenn wir als EINE Firma auftreten würden? Andere Unternehmer wären froh, wenn sie jemanden kennen würden, der unternehmerisch erfolgreich ist und mit dem man sich zugleich so gut versteht. Ich sage Dir, das ist bei uns ein echter Glücksfall – und den sollten wir nicht ungenutzt lassen. Außerdem wird der Markt immer härter und früher oder

später werden wir sowieso aufeinander an-
gewiesen sein. Es wäre doch besser, wir tun
uns jetzt schon zusammen, bevor der ‚Ernst-
fall' eintritt.'"

Ralf suggeriert seinem Freund Robert, dass
sie einfach zusammengehören, dass sie im
selben Boot sitzen und als Team alles viel
besser, schneller und einfacher schaffen
würden. Robert sieht die ganze Angelegenheit differenzierter.

Robert: „Interessante Sichtweise, die Du da
hast. Aber leider erkenne ich bei allen ange-
führten Gründen kein einziges unternehmeri-
sches Argument, welches mich als Ge-
schäftsmann überzeugt. Wir beide arbeiten
bereits jetzt zusammen und profitieren beide
davon. Und das klappt auch, ohne dass wir
fusionieren."

Robert zieht eine nicht übersehbare Trennlinie zwischen der Freundschaft bzw. dem
Solidaritätsdenken und seinen geschäftlichen
Interessen. Damit behält er klaren Verstand
und lässt sich nicht in den Sog eines künst-
lich geschaffenen WIR-Gefühls ziehen.

DIE MANIPULATION BEIM NAMEN NENNEN

Angriff ist oftmals die beste Verteidigung. Sobald man erkannt hat, dass bestimmte Manipulationsmethoden gegen einen angewandt werden, empfiehlt es sich je nach Situation, dies ganz klar zu benennen und den betreffenden Gesprächsteilnehmer als Manipulator zu outen, der unfaire bzw. unlautere Methoden anwendet. Besonders vor einem Publikum ist diese Methode effizient. Diese Vorgehensweise schwächt die Position des Manipulators und entzieht ihm viele Sympathien, die er bis dahin womöglich hatte. Hat man das erst einmal geschafft, hat man leichtes Spiel mit dem Manipulator, da man ihm nun auch weitere charakterliche Verfehlungen vorwerfen kann, ohne dies unbedingt beweisen zu müssen, da sich beim Publikum das negative Bild des unfairen und manipulativen Rhetorikers eingeprägt hat.

Die beiden Profi-Fußballspieler Franz und Sven sind in einer TV-Sportsendung eingeladen. Beide sind sehr populär und beide stehen in Konkurrenz zueinander, wer in der kommenden Weltmeisterschaft der Mannschaftsführer der Nationalelf sein soll. In der Sendung sollen die sportlichen Qualitäten der beiden Spitzensportler verglichen werden.

Franz: „Ich denke schon, dass ich besser geeignet bin als Mannschaftsführer. Sven ist zwar ein guter Spieler, sowohl technisch versiert, als auch ausdauernd und kämpferisch, aber erst neulich konnten wir in den Medien alle erleben, wie er sich hat scheiden lassen, um eine 15 Jahre jüngere Frau heiraten zu können, und seine bisherige Frau und seine drei Kinder dadurch aufs Schwerste gedemütigt hat. Ich bin der Meinung, dass dies einfach keine korrekte Art ist. Ich habe in den Medien Svens weinende Kinder gesehen und es brach mir fast das Herz. Als Familienvater sollte man mehr Verantwortungsbewusstsein an den Tag legen. Also, ich könnte sowas nicht machen."

Franz weicht hier vom Thema ab und versucht Stimmung gegen seinen Konkurrenten Sven zu erzeugen. Sven lässt sich das nicht bieten und geht zum Gegenangriff über.

Sven: „STOPP MAL! Jetzt muss ich aber mal ganz entschieden dazwischen gehen. Ich glaube nicht, dass mein Privatleben Gegenstand der heutigen Sendung ist. Du weißt genau, dass dies nichts mit der Frage ,Wer soll Mannschaftsführer sein' zu tun hat, Franz. Ich muss also davon ausgehen, dass Du bewusst an dem Sachthema vorbeigehst und versuchst Stimmung gegen mich zu erzeugen, indem Du zwei Themen vermischst, die nicht das Geringste miteinander zu tun haben. Ich weiß wirklich nicht, was ich davon *halten soll – so habe ich Dich ehrlich gesagt gar nicht eingeschätzt. Wir können uns nach der Sendung gerne über private Angelegenheiten unterhalten, aber jetzt sollten wir wieder sachlich werden und zum eigentlichen Thema zurückkehren, für das wir hierher eingeladen wurden. Also, die heutige Sendung hat zum Ziel unsere sportlichen Fähigkeiten zu vergleichen, so dass die Öffentlichkeit sich daraus eine Meinung bilden kann, wer von uns beiden der bessere Mannschaftsführer wäre."*

Sven unterbricht das Gespräch ganz deutlich, damit für das Publikum die Trennlinie zwischen dem Sachgespräch und dem Manipulationsversuch klar auszumachen ist. Damit macht man es dem Publikum sehr leicht, die angewandte Manipulationsmethode zu sehen und den Manipulator als solchen zu erkennen. Ab diesem Moment hat der Manipulator es sehr schwer, auf den Rückhalt im Publikum zu hoffen, da er sich durch seine manipulative Art unbeliebt gemacht hat.

Auf einer Betriebsversammlung diskutiert die Belegschaft mit dem Betriebsrat über die Einführung eines neuen Zeitkontenmodells. Ingo, der Betriebsratsvorsitzende, vertritt die Meinung, dass das neue Modell eine Verbesserung für die Mehrheit der Mitarbeiter darstellt. Bei der derzeitigen Überstundenregelung sind objektiv betrachtet mehr Mitarbeiter negativ betroffen als bei dem neuen Zeitkontenmodell.

Erwin, ein Mitarbeiter, der sich bei der letzten Betriebsratswahl zur Wahl gestellt hatte, jedoch nicht gewählt wurde, ist leider einer der wenigen Mitarbeiter, der negativ von der neuen Regelung beeinflusst ist. Mit Wut im Bauch versucht er natürlich mit allen Mitteln das neue Modell abzuwenden und dabei den Betriebsratvorsitzenden zu diskreditieren.

Erwin: „Ich halte die Einführung des neuen Zeitkontenmodells für eine Frechheit. Eigentlich sollte der Betriebsrat für die Rechte der Arbeitnehmer einstehen und nicht zu dessen Nachteil handeln. Mein Vertrauen ist tief erschüttert. Letztes Jahr wurde unserem Betriebsratvorsitzenden sogar der Führerschein für einen Monat abgenommen – wie können wir einem Mann vertrauen, der sogar mit dem Gesetz in Konflikt kommt!?"

Durch diesen persönlichen Angriff versucht Erwin auch hier vom Thema abzulenken. Ingo setzt sich zur Wehr und kontert.

Ingo: „Mein lieber Erwin, ich glaube, dass Du gerade versuchst, bewusst vom Thema abzulenken und negative Stimmung gegen mich aufheizt. Mein Führerschein hat nicht im Geringsten etwas mit unserem Überstundenproblem zu tun. Ich kann ja verstehen, dass Du über das neue Zeitkontenmodell verärgert bist, da Du als einer der ganz We-

nigen negativ betroffen wärst. Dennoch möchte ich Dich bitten, sachlich zu bleiben. Schließlich geht es hier um eine Entscheidung für ALLE Mitarbeiter; und die Mehrheit würde nun mal von dem neuen Modell profitieren."

Ingo entlarvt Erwin hier als Manipulator. Sehr geschickt wandelt er hier sogar das negative Statement Erwins am Schluss noch in einen positiven Abschluss um.
Ingo hätte nun auch seinerseits das Auftreten Erwins mit der Wahlschlappe Erwins in Verbindung bringen können, jedoch belässt er es hier bei, denn der aufmerksame Zuhörer hätte dies ebenfalls als Manipulationsversuch deuten können.

DIE RUTSCHBAHN-TAKTIK

Mit dem sogenannten Lawinenargument warnt man vor bestimmten Aktionen, Handlungen und Entscheidungen. Man verbindet beispielsweise einen Vorschlag, der einem selbst gar nicht gefällt, mit verheerenden Folgen in der Zukunft, die große Nachteile mit sich bringen. Der Vergleich mit der Lawine kommt nicht von ungefähr: Eine alles vernichtende Lawine kann durch die kleinste Erschütterung, die kleinste Fehlentscheidung ausgelöst werden. Kleine Ursache, aber eine ungemein große negative Wirkung, die man später bereut. Anhand dieser Argumentationskette wird der Vorschlag, den man um jeden Preis zurückweisen will, zwar gegenwärtig als scheinbar harmlos dargestellt, aber seine Konsequenzen werden als vernichtend beschrieben. Aus diesem Grunde dürfe man sich nicht von der scheinbaren Harmlosigkeit des Vorschlags täuschen lassen, sondern ihn vehement ablehnen.

Karl und Ralf sind die Inhaber eines kleinen Supermarkts. Karl spielt mit dem Gedanken, die Gehälter der Angestellten zu erhöhen. Ralf ist entschieden dagegen.

Karl: Wir haben im letzten Quartal nachhaltige Gewinne erwirtschaftet und in Zukunft versprechen wir uns eine weitere Steigerung der Umsatzzahlen. Wenn ich mir unsere Kontobewegungen der vergangenen sechs Monate so anschaue, stelle ich mit Freude ein über dem Durchschnitt liegendes Wachstum fest. Dank dieser kontinuierlichen Aufwärtsentwicklung sind wir in der Lage, unsere Angestellten durch eine Gehaltserhöhung zu motivieren, auch weiterhin so tatkräftig und zuverlässig ihren Pflichten nachzukommen."
Ralf: „Das schlag Dir gleich mal aus dem Kopf, daran ist gar nicht zu denken! Wenn

wir jetzt die Gehälter erhöhen und dies mit den hohen Umsatzzahlen begründen, dann werden unsere Angestellten bei jeder Umsatzsteigerung mehr Gehalt erwarten. Bekommen sie dann keine Gehaltserhöhung, werden sie enttäuscht sein, ihre Tatkraft und Zuverlässigkeit werden nachlassen und womöglich fangen sie dann sogar damit an, uns zu bestehlen. Ich will ja nicht den Teufel an die Wand malen, aber da hat es bei anderen Supermärkten schon bitterböse Lektionen gegeben. Unterschätze also bitte nicht die Tragweite einer Gehaltserhöhung. Auf den ersten Blick erscheint sie vielleicht angebracht und vorteilhaft, aber wenn man genauer hinschaut, dann kann sie uns in die allergrößten Verrenkungen führen.“

Ralf leitet aus einer beabsichtigten kleinen Gehaltserhöhung gleich die düstersten Zukunftsvisionen ab. Wenn man einem Lawinenargument den Wind aus den Segeln nehmen will, empfiehlt es sich, die Argumentationskette genau anzuschauen und den schwächsten Punkt anzugreifen.

Karl: „Ralf, jetzt übertreibst Du aber maßlos. Du behauptest, dass unsere Angestellten nach jeder Umsatzsteigerung mehr Gehalt erwarten werden, wenn wir ihnen jetzt wegen gewachsener Umsätze eine Gehaltserhöhung geben – aber das ist doch bloße Spekulation und reine Mutmaßung. Das kannst Du doch gar nicht wissen. Deine Aussage ist nicht mehr und nicht weniger als Deine persönliche, subjektive Einschätzung."

Karl weist auf die kausalen Ungenauigkeiten in Ralfs Begründung hin. Alles, was Ralf vorgebracht hat, ist viel zu vage, um es als gesicherte Tatsache annehmen zu können. Somit ist Ralf jeden Beweis schuldig geblieben, was seine schwarzseherischen Prognosen betrifft.

Melanie und Ulrich sind seit 5 Jahren verheiratet. Derzeit wohnen sie zur Miete. Melanie wünscht sich schon seit Jahren ein Eigenheim. Ulrich hingegen weiß, dass ein Eigenheim auch mehr Arbeit mit sich bringt, denn schließlich wollen ein eigenes Heim und der dazugehöriger Garten auch in Schuss gehalten werden, und deshalb scheut er sich davor.

Melanie: „Schatz, ich hab da gerade ein wahnsinnig tolles Angebot für einen Hauskauf gesehen. Wollen wir uns das nicht mal zusammen anschauen? Du weißt ja wie gerne ich ein eigenes Haus und den dazugehörigen Garten mit Dir zusammen bewohnen würde."
Ulrich: „Um Himmels Willen Schatz, weißt Du überhaupt, was ein eigenes Haus bedeutet? Wir machen uns viel zu sehr abhängig von den Banken. Stell Dir mal vor, es kommen unerwartete teure Reparaturen auf uns zu. Und stell Dir mal weiter vor, es könnte wieder

zu einer Bankenkrise kommen. Und was ist, wenn ich mal arbeitslos werde? Dann werden wir bestimmt alles verlieren und hoch verschuldet wieder in unsere Mietwohnung einziehen. Dann bleibe ich lieber doch direkt hier wohnen in unserer gewohnten Umgebung mit unseren netten Nachbarn."

Ulrich malt hier ganz bewusst das Szenario des schlimmsten Falles aus. Melanie jedoch weiß genau, dass die finanzielle Lage nicht die Beweggründe Ihres Mannes sein können und argumentiert wie folgt:

Melanie: „Schatz, warum malst Du hier solch ein Horrorszenario aus? Du hast doch letztes Jahr eine Beförderung mit einer dementsprechenden Gehaltserhöhung bekommen. Glaubst Du Dein Arbeitgeber befördert Dich, wenn er plant Dich zu entlassen? Also bei unserer Finanzlage können wir es uns sicher leisten, ein Haus zu finanzieren, denn schließlich wird auch unser Bausparvertrag in 2 Monaten ausbezahlt."

Melanie hebelt genau die Argumentation bezüglich der Finanzen aus. Es müssten schon einige unwahrscheinliche Faktoren zusammentreffen, damit eine Gefahr für das Vermögen der Beiden besteht.

DIE WIEDERHOLUNGS-TAKTIK

Mit dieser Methode kommt man ohne Umschweife und auf direktem Wege auf das zu sprechen, worauf es Ihnen ankommt. Dies ist besonders dann anzuraten, wenn Ihr Gesprächspartner dabei ist, das Thema einfach zu wechseln, weil er argumentativ nichts mehr vorzubringen hat.

Frau Müller und Herr Meier sind Miet-Nachbarn und teilen sich einen Garten. Herr Meier lädt oft seine Freunde aus dem Fußballverein zu Gartenpartys ein. Nach jeder Feier hinterlassen er und seine Gäste Pappbecher, leere Flaschen und Zigarettenstummel im Garten. Wenn Frau Müller den Garten für sich und ihre Kinder nutzen will, muss sie den Müll zwangsläufig aufräumen, da Herr Meier sich vor dieser Arbeit drückt. Darüber ist Frau Müller verärgert und stellt ihren Nachbarn zur Rede

Frau Müller: „Herr Meier, so geht es einfach nicht mehr weiter. Das ist jetzt bereits das dritte Mal in diesem Monat, dass Sie den Garten nutzen und ihren Müll danach einfach so liegen lassen. Das ist unverantwortlich mir gegenüber. Wenn ich den Garten nutzen will, muss ich erst einmal stundenlang IHREN Müll aufräumen."

Herr Meier: „Sie scheinen verärgert zu sein, Frau Müller. Das ist natürlich ihr gutes Recht. Aber haben Sie sich schon einmal gefragt, wieso uns so wenige Mülltonnen zur Verfügung stehen? Das ist eigentlich ein Unding, wenn man bedenkt, wie groß der Garten ist und wie viel Müll sich bei so einer Gartenparty ansammelt. Ich habe schon darüber nachgedacht, einen Beschwerdebrief an die Stadt zu schreiben …"

Frau Müller: „Klingt ja alles sehr interessant, Herr Müller, aber bleiben wir doch bitte beim Thema und vergessen die Stadt und den Beschwerdebrief. Unser Thema ist ein ganz einfacher Sachverhalt, nämlich dass Sie in Zukunft den Garten nach seiner Benutzung bitte in dem Zustand verlassen sollen, wie sie ihn vorgefunden haben. Kommen wir diesbezüglich auf einen Nenner?"

Ab hier befindet sich Herr Meier bereits in der Defensive und bemerkt es auch. Aus diesem Grund versucht er ein weiteres Ablenkungsmanöver.

Herr Meier: „Frau Müller, ich hatte heute wirklich einen schlechten Tag. Zuerst habe ich meine Bahn verpasst, dann habe ich Streit mit einem Kollegen gehabt und eben erst erfahre ich, dass meine Urlaubswünsche nicht berücksichtigt werden konnten. Mir platzt bereits der Kopf. Bitte verschonen Sie mich heute mit noch mehr Ärger."

Frau Müller jedoch lässt sich nicht ablenken und bleibt beim eigentlichen Thema.

Frau Müller: „Lieber Herr Meier, ich wäre Ihnen sehr dankbar, wenn Sie nicht ständig von unserem Thema ablenken würden. Ich spreche mit Ihnen weder über Ihre Urlaubswünsche, noch über eine verpasste Bahn, sondern einzig und allein über die Tatsache, dass sie den Garten nach ihren Gartenpartys nie aufräumen. Und das nehme ich so nicht länger hin!"

Durch Frau Müllers direkte Art fällt es Herrn Meier immer schwerer, um den heißen Brei zu reden und dem eigentlichen Thema aus dem Weg zu gehen. Jedes weitere Ablenkungsmanöver würde ihn als Gesprächsverweigerer outen, so dass er sich früher oder später dem eigentlichen Thema stellen muss.

DIE ALTERNATIV-TAKTIK

Man offeriert eine bestimmte Anzahl an möglichen Optionen, wobei man eine Option als die einzig annehmbare und die restlichen als unannehmbar einordnet. Ein Manipulator könnte dies so ausdrücken: „Wenn man alles in Betracht zieht, kann man sagen, dass insgesamt die Möglichkeiten 1,2 und 3 bestehen. Da die Möglichkeiten 1 und 2 völlig inakzeptabel sind, bleibt uns logischer Weise nur noch Möglichkeit 3." Der Manipulator hat dabei von Anfang an die Absicht, die als einzig annehmbar eingestufte Option (3) durchzusetzen. Dadurch, dass die anderen Optionen von ihm bewusst und gezielt als völlig inakzeptabel eingestuft werden, wird oft übersehen, dass die annehmbare Option auch nicht gerade das „Gelbe vom Ei" ist und es neben den drei offerierten Optionen noch zahlreiche andere Möglichkeiten gibt, die sogar wesentlich besser sein können.

Ralf und Frank sind Inhaber einer großen Firma und wollen einen neuen Geschäftsführer einstellen. Ralf hat einen Bekannten namens Ingo Schröder unter den Bewerbern und versucht ihn als „den richtigen Mann" für die Stelle des Geschäftsführers durchzusetzen. Frank weiß nichts davon. Da Ralf und Frank sich einig sein müssen, greift Ralf zu einem Manipulationsversuch.

Ralf: „Tja, ich würde sagen, dass lediglich Herr Becker, Frau Schulze und Herr Schröder den Anforderungen gewachsen sind, welche die angebotene Position abverlangt. Herr Becker hat zwar die fachliche Kompetenz, aber sein Lebenslauf hat ein paar Lücken, die mir ganz und gar nicht gefallen. Er war lange Zeit ohne Arbeit und das kann nichts Gutes bedeuten. Und Frau Schulze hat noch nie zuvor eine solch verantwortungsvolle Position inne gehabt. Zudem ist sie in meinen Augen auch zu jung bzw. zu unerfahren, um mit dem Stress, den dieser Posten mit sich bringt, fertig zu werden. Die zwei Kandidaten fallen also weg. Somit bleibt uns nur noch Herr Schröder, der nicht nur die erforderliche Fachkompetenz und einen wertvollen Erfahrungsschatz als Geschäftsführer in anderen Firmen mit sich bringt, sondern mir auch als Mensch sehr imponiert. Meiner Meinung nach ist er der richtige Mann für uns. Ich nehme an, Du bist auch meiner Meinung?"

Damit hat Ralf seine „Wunschoption" in den Vordergrund gerückt und gleichzeitig das Bild geschaffen, das weitere Möglichkeiten nicht existieren. Frank jedoch hat Ralfs kleinen Trick durchschaut.

Frank: „Ich stimme Dir voll und ganz zu, dass Herr Becker und Frau Schulze aufgrund bestimmter Defizite nicht in Betracht kommen, aber dass dadurch Herr Schröder automatisch als einzig Verbliebener die Stelle des Geschäftsführers einnehmen sollte, halte ich für falsch. Herr Schröder eignet sich meiner Ansicht nach auch besser für die Stelle als Frau Schulze und Herr Becker, aber er ist immer noch nicht die Idealbesetzung, wie ich sie mir vorgestellt habe. Zum Glück haben wir ja nicht nur diese drei Alternativen, sondern wesentlich mehr. Ich schlage vor, wir laden weitere Bewerber ein und schauen mal, was sich ergibt. Wenn wir keinen besser geeigneten Bewerber finden, können wir ja immer noch auf Herrn Schröder zurück greifen."

Nachdem Frank eindeutig zu verstehen gegeben hat, dass weitere Optionen möglich sind, die möglicher Weise auch besser sind, nimmt er Ralfs Manipulationsversuch den Wind aus den Segeln.

Gerd ist Produktionsleiter in einem mittelständischen Betrieb. Michael als Geschäftsführer ist sein Vorgesetzter. Die finanzielle Lage des Betriebes sieht derzeit nicht sehr rosig aus. Eine Möglichkeit, die Schräglage auszugleichen, wäre die Entlassung einiger Produktionsmitarbeiter, da die Liquiditätsprobleme auch mit mangelndem Absatz der Produktionsgüter zu tun haben. Von dieser Möglichkeit möchte Gerd jedoch unbedingt ablenken, da ihm alle seine Mitarbeiter im

Laufe der Jahre persönlich ans Herz gewachsen sind.

Gerd: *„Im Prinzip haben wir nur drei Möglichkeiten, wie wir das Finanzloch unserer Firma schließen können. Entweder wir investieren weiteres Geld ins Marketing zur Verbesserung des Absatzes unserer Produkte, oder wir suchen uns günstigere Lieferanten, um die Produktionskosten zu senken, oder wir suchen uns weitere Investoren, um die kurze Zeit der allgemeinen Wirtschaftskrise zu überstehen. Bei der Investition ins Marketing haben wir leider keine Garantie auf einen Erfolg; außerdem bleibt fraglich, ob wir damit nicht unsere letzten Finanzreserven aufbrauchen. Günstigere Lieferanten finden wir im Ausland, jedoch setzen wir hiermit auch die Qualität unserer Produkte aufs Spiel – und für gute Qualität sind wir nun mal bekannt. Mit Sicherheit würden wir dadurch einige unserer ältesten Kunden verärgern. Bleibt nur noch die Suche nach neuen Investoren. Dies wäre die beste Möglichkeit, denn wir haben hierbei kein Risiko und zahlen lediglich ein paar Prozent vom Gewinn, sobald die Krise vorüber ist."*

Auch hier hat Gerd die für Ihn angenehmste Option in den Vordergrund gestellt. Jedoch ist Michael weitsichtig genug, um zu erkennen, dass es sicherlich auch weiter Maßnahmen gibt.

Michael: „Ich danke Ihnen für Ihre Einschätzung, Gerd. Bei den ersten beiden Optionen bin ich ganz Ihrer Meinung. Die Risiken, die damit verbunden wären, sind sicherlich zu hoch. Ich bin mir aber auch nicht ganz sicher, ob die dritte Möglichkeit das Optimum darstellt. Mit Sicherheit gibt es noch eine Reihe von Maßnahmen, die wir erwägen könnten. Deshalb werde ich einen externen Unternehmensberater beauftragen, unseren Betrieb zu analysieren."

DIE DILEMMA-TAKTIK

Die Dilemma-Taktik ähnelt der Entweder-Oder-Taktik. Man fokussiert die Aufmerksamkeit auf eine begrenzte Anzahl von Optionen und unterstellt diesen Optionen bestimmte Konsequenzen. Man behauptet, dass nur die Möglichkeiten 1 und 2 existieren. Als nächstes unterstellt man, dass bei der Nutzung von Möglichkeit 1 Konsequenz A eintritt, und bei Nutzung von Möglichkeit 2 Konsequenz B eintritt. Genau wie bei der Entweder-Oder-Methode werden andere mögliche Optionen von vornherein ausgeschlossen.

Ralf ist in ein kleines Dorf gezogen und hat Streit mit seinem ungehobelten Nachbarn Herrn Weber. Ständig parkt Herr Weber Ralfs Zufahrt zu, lässt nachts laute Musik laufen und wirft Müll in Ralfs Garten. Ralf hält diesen Zustand kaum noch aus und geht zu einem anderen Nachbarn (Krause), um sich einen Rat einzuholen. Dieser Nachbar jedoch will mit den Streitigkeiten zwischen Ralf und seinem Nachbarn Herrn Weber nichts zu tun haben, und versucht Ralf einfach nur schnell wieder loszuwerden. Deshalb bringt er manipulative Argumente hervor, die alle negative Konsequenzen in den Vordergrund stellen und alles beim Alten belassen sollen.

Nachbar Krause: „Was soll ich dazu sagen? Im Grunde bleiben ihnen nur zwei Möglichkeiten. Sie rufen das nächste Mal bei der Polizei an, wenn Herrn Weber seine Musik laut aufdreht, oder sie suchen sich eine andere Wohnung. Wenn sie jedoch die Polizei rufen, dann fängt der Streit zwischen Ihnen und Herrn Weber erst so richtig an. Und das macht Sie bei der übrigen Nachbarschaft auch nicht besonders beliebt. Und wenn sie wegziehen, dann haben sie ein verdammt gutes Grundstück und Haus aufgegeben. Egal was Sie tun, es ergeht Ihnen schlecht."

Nachbar Krause schafft bei Ralf ein Dilemma, welches ihn davon abhalten soll, überhaupt etwas zu unternehmen. Ralf kann die genannten Möglichkeiten und die zu erwartenden Konsequenzen anzweifeln und sie kritisch durchleuchten.

Ralf: „Die zwei Möglichkeiten, die Sie benennen, sind sicher nicht die einzigen, Herr Krause. Vielleicht fallen uns gemeinsam noch andere Optionen ein. Und selbst wenn ich eine der von Ihnen geäußerten Möglichkeiten nutzen sollte, müssen sich daraus nicht zwangsläufig die von Ihnen vermuteten Konsequenzen ergeben. Es ist schließlich auch durchaus möglich, dass die Einschaltung der Polizei wegen Nachtruhe durch zu laute Musik einen positiven Effekt auf Herrn Webers zukünftiges Betragen haben wird. Und vielleicht werden viele andere Nachbarn froh darüber sein, dass endlich jemand etwas gegen Herrn Webers unzumutbares Verhalten etwas unternimmt. Es wäre sicher sehr kurzsichtig, diese Möglichkeit von vornherein auszuschließen.“

DIE BLICKWINKEL-TAKTIK

Mit der Perspektiv-Methode verlässt der Manipulator das eigentliche Thema und fordert den Gesprächspartner dazu auf, die ganze Angelegenheit aus seinem Blickwinkel bzw. den anderer Menschen zu betrachten. Diese Taktik wird oft benutzt, wenn die eigenen Argumente ausgehen und man sachlich nicht mehr weiter kommt. Man verlagert das Gespräch auf eine andere Perspektive, in der man wieder im Vorteil ist.

Ralf und Nils sind die Leiter eines Jugendheimes, der begehrter Treffpunkt vieler Jugendlicher ist. Einige der Jugendlichen, die dort Tischtennis spielen, den Fitnessraum nutzen und sich im Billard üben, haben im Fitnessraum ein paar Hantelscheiben geklaut. Ralf ist wütend darüber und verhängt ein sofortiges Verbot, den Fitnessraum zu betreten. Nils ist dagegen, hat aber keine sachlichen Argumente, da Ralfs Maßnahme voll und ganz der Hausordnung entspricht. Also versucht Nils, Ralf mittels der Perspektivtaktik dazu zu bringen, die ganze Angelegenheit aus einer anderen Sicht anzuschauen.

Ralf: „Das ist ja wohl eine Riesenunverschämtheit. Da haben die Jugendlichen hier im Jugendheim schon die Möglichkeit, kos-

tenlos etwas für ihre körperliche Fitness zu tun, und dann so etwas. Na, das sind ja schöne Zustände. Aber damit ist jetzt endgültig Schluss. Das war der letzte Diebstahl in unserem Jugendheim! Wir wenden das an, was in diesem Fall in der Hausordnung für solch einen Fall vorgesehen ist: Ab sofort darf niemand mehr den Fitnessraum betreten."

Nils: „Ralf, ich kann diese Maßnahme voll und ganz nachvollziehen, aber versetze Dich doch einmal für einen Moment in die Jugendlichen, die mit der ganzen Sache nichts zu tun haben, aber aufgrund des ausgesprochenen Verbots jetzt trotzdem nicht in den Fitnessraum dürfen. Wenn Du die die ganze Angelegenheit mit ihren Augen betrachtest, würde Dir das Ganze doch ziemlich ungerecht vorkommen, nicht wahr!?!"

Nils wählt die Perspektive, die ihm am vorteilhaftesten erscheint, um Ralf doch noch umzustimmen. Nämlich die Perspektive derjenigen, die von Ralfs Maßnahme hart getroffen werden, obgleich sie völlig unschuldig sind. Nils kann diese Perspektive weiter ausbauen, um Ralf von seinem gegenwärtigen Standpunkt wegzubewegen.

Nils: „Und denke nur mal an Frank und Markus. Die Jungs haben in den letzten vier Monaten immer ehrenamtlich dabei geholfen, hier im Jugendamt alles in Ordnung zu halten. Sie haben sich ganz schön ins Zeug ge-

legt und dafür haben wir ihnen versprochen, dass sie jederzeit den Fitnessraum nutzen dürfen. Was glaubst Du wohl, wie Dein Verbot jetzt auf sie wirkt!?!"

Wenn Ralf sich selbst aus den Augen der von Nils erwähnten Jungs betrachtet, kommt er sich plötzlich wie ein ungerechter und griesgrämiger Paragraphenreiter vor, der sich auf die Hausordnung beruft, obwohl er auch einen eigenen Ermessungsspielraum hat. Auch wenn diese Methode Ralf vielleicht nicht zu einem kompletten Umdenken bringt, so doch zumindest dazu, die eigene Entscheidung mit den Augen anderer Menschen zu beleuchten und sie eventuell in Teilen abzuändern.

In einem Vertriebsbereich eines Unternehmens werden seit einigen Monaten die Planziele nicht mehr erreicht. Der Vertriebsleiter Müller ist darüber recht ungehalten; vor allen Dingen weil er vor der Geschäftsleitung Rechenschaft für das Dilemma ablegen muss. Deshalb erwägt er an manchen Tagen länger arbeiten zu lassen um die Planziele einzufahren, da er überzeugt davon ist, dass einige Mitarbeiter einfach nicht fleißig genug sind. Betriebsrat Esser ist absolut gegen die geplante Maßnahme und versucht mit Hilfe der Blickwinkeltaktik Müller davon zu überzeugen, sein Vorhaben aufzugeben:

Müller: „Diese verdammten faulen Hunde. Ich bin maßlos darüber enttäuscht, wie uneffektiv derzeit hier im Vertrieb gearbeitet wird. Wir bezahlen die Mitarbeiter gut und haben im Branchenvergleich recht niedrige Umsatzziele. Dennoch liegen wir in der gesamten Zielerfüllung unter dem Soll. Das kann so nicht weitergehen. Ich erwäge den Vertrieb an den kurzen Freitagen länger arbeiten zu lassen, um die Umsatzdefizite wieder aufzufangen. Ich wette, dass die Mitarbeiter dann wieder fleißiger zu ihren normalen Arbeitszeiten arbeiten. Schließlich arbeitet keiner gerne länger, aber Strafe muss sein.“

Esser: „Herr Müller, ich kann Ihren Ärger voll und ganz verstehen. Sicherlich sind die uns gesteckten Ziele erreichbar. Jedoch bedenken Sie bitte die vielen Mitarbeiter, die täglich motiviert und fleißig an die Arbeit gehen. Die würden Sie mit dieser Maßnahme bitter enttäuschen; vielleicht würde das bei diesen Kollegen sogar zu einer Demotivation führen?“

Hier spiegelt Esser den Blickwinkel der wichtigsten Vertriebsmitarbeiter wieder. Die jeden Tag fleißig ans Werk gehen und die Säule des Vertriebs darstellen. Auch hier legt er noch eine Schippe drauf und stellt Müller mit den folgenden Worten in die Ecke zu den ungerechten Vorgesetzten:

Esser: „Denken Sie hierbei bitte auch mal an den Kollegen Stein. Was soll er darüber den-

ken, wenn er freitags länger arbeiten soll? Letzte Woche noch haben Sie Ihn öffentlich für seine herausragenden Leistungen gelobt und ihm sogar eine Sondergratifikation gewährt. Ich denke, wir sollten vielmehr die individuellen Leistungen der einzelnen Mitarbeiter betrachten und hier gegebenfalls personelle Einzelmaßnahmen erwägen."

DIE PRÄZISIONS-TAKTIK

Manipulatoren benutzen oft Statistiken, um ihre Argumente zu verstärken und sie glaubwürdiger erscheinen zu lassen. Eine Statistik erweckt den Eindruck, dass sie faktisch richtig ist, dass sie die Wahrheit widerspiegelt und dass sie der Weisheit letzter Schluss ist. Doch oft ist es so, dass man einfach irgendwelche Zahlen, Bilanzen und Aussagen als statistisches Argument benutzt, obwohl die Zahlen weder repräsentativ sind, noch jemals wirklich auf ihre Richtigkeit hin geprüft wurden. Trotzdem werden statistische Argumente in den meisten Fällen ernst genommen und nicht hinterfragt. Das verschafft dem Manipulator unschätzbare Vorteile, wenn es darum geht, seine Meinung durchzusetzen. Es verschafft ihm eine offensive

Position und drängt die anderen Gesprächs-teilnehmer schnell in die Defensive, die keine Gegenstatistik aufzuweisen haben.

Regina, 62 Jahre alt, und Simone, 67 Jahre alt, unterhalten sich darüber, ob es sinnvoll ist, als über 60jährige noch zur Fahrschule zu gehen, um den Führerschein zu machen. Simone will es noch einmal wissen, doch sie will diesen Versuch nur wagen, wenn ihre beste Freundin Regina sich auch dazu bereit erklärt. Doch Regina hat gar keine Lust in ihrem hohen Alter noch den Führerschein zu machen und versucht, Simone ihr Vorhaben auszureden. Dabei benutzt sie statistische Argumente, die Simones großen Wunsch als völlig unrealistisch und utopisch abstempeln sollen.

Simone: „Regina, das wird ein Mordsspaß. Wir zwei als Fahrschülerinnen. Und ich sage Dir: Wir werden die Führerscheinprüfung be-stehen. Da bin ich mir ganz sicher.“
Regina: „Da sagt die Statistik aber etwas anderes. Umfragen haben nämlich ergeben, dass nur 3% aller über 60jährigen es auf-grund ihrer natürlichen Defizite schaffen, die Führerscheinprüfung zu bestehen. Also las-sen wir es lieber ganz bleiben.“

Simone verlässt angesichts dieser winzig kleinen Prozentzahl jeder Mut. Doch hier sollte man sich fragen, woher Regina auf die Zahl von 3% kommt. Sie nennt eine Zahl, ohne ihren Wahrheitsgehalt auch nur im Geringsten zu belegen und ohne eine Quelle zu nennen, der sie die Zahl entnommen hat. Zudem spricht Regina von einer Umfrage, die von den natürlichen Defiziten aller über 60jährigen Menschen handelt. Auch hier herrscht Unklarheit, denn um welche Defizite geht es hier? Um eine verlangsamte Reaktionszeit, um ein geschwächtes Sehvermögen oder um etwas ganz anderes? Altersbedingte Defizite sind schließlich individuell auszulegen und betreffen nicht jeden über 60jährigen Menschen im gleichen Maße. Und wer führte die in Rede stehende Umfrage eigentlich durch? Wie viele Leute wurden tatsächlich befragt und um was für Leute handelt es sich bei den Befragten? Und wann wurde diese Umfrage durchgeführt? Vor einem Jahr oder vor 40 Jahren?

Simone lässt sich zu guter Letzt doch nicht den Mut nehmen und fordert Belege, welche die Richtigkeit der Statistik nachweisen soll. Schließlich hat Regina lediglich eine Aussage in den Raum gestellt, ist aber jeden Beweis schuldig geblieben.

Simone: „Regina, ich weiß nicht, woher Du diese Zahlen und Informationen hast, aber ich würde es sehr gerne wissen. Und wenn ich es weiß, dann kann ich für mich prüfen, was die Basis dieser Informationen ist und ob die Zahlenangaben auch wirklich glaubwürdig sind."

DIE EXPERTEN-TAKTIK

Befinden Sie sich in einer Diskussion, in der Sie Ihre Ansichten durchsetzen wollen, ist es hilfreich, Zitate berühmter, charismatischer und gesellschaftlich anerkannter Persönlichkeiten zur Untermauerung Ihrer Meinungen anzubringen. Je angesehener die zitierte Person, desto gewichtiger ist ihre Aussage. Die Meinung eines Nobelpreisträgers zu einem Thema mit dem er sich nie im Leben zuvor auseinandersetzte, wird mehr Gewicht haben, als die Meinung eines gänzlich unbekannten Wissenschaftlers, der sich sein Leben lang mit dem Thema befasst hat. Oft ist in der heutigen Medienwelt auch zu beobachten, wie berühmte Sänger, Sportler oder Schauspieler zu Themen aus Politik und Wirtschaft befragt werden und von ihren Fans als Experten angesehen werden. Natürlich ist der Sänger ein Experte in der Musikwelt, der Sportler in der Sportwelt und der Schauspieler in der Filmwelt – jedoch sind sie deshalb nicht zwangsläufig Experten in Sachen Politik, Wirtschaft oder in anderen Bereichen. Trotzdem wird ihre Meinung durch ihren Bekanntheitsgrad mehr Einfluss auf die große Masse haben, als die Meinung von einem gänzlich unbekannten Politikwissenschaftler oder Wirtschaftsforscher. Man setzt die Popularität mit einem großen Wissen gleich (im Marketing ist dieses Phänomen als Angleichungseffekt oder Reflected-

Glory-Effect bekannt). Und genau aus diesem Grund lassen sich beispielsweise Politiker oft nur allzu gerne mit populären Entertainern aus Funk und Fernsehen ablichten.

Manche Fachbücher, welche sich mit der Kunst der Überzeugung befassen, halten die Benutzung von Zitaten für eine Schwäche der eigenen Argumentation, doch glauben wir nicht, dass man dies so allgemein und pauschal behaupten kann. Ein Blick in die Politik zeigt uns überdeutlich, dass jeder große Staatsmann sich immer wieder der Zitate hochgestellter Persönlichkeiten bedient, um seine Standpunkte und Forderungen erfolgreich zu verstärken.

Nehmen wir als Beispiel die Diskussion über Werbung. Ist es gut, viel Geld in die Werbung zu investieren? „Ja, das ist es", sagt Ralf. Und als Argument führt er an: „Schon Henry Ford sagte: Wer nicht wirbt, der stirbt. Wer aufhört zu werben, um Geld zu sparen, kann ebenso seine Uhr anhalten, um Zeit zu sparen."

Und wenn ein so erfolgreicher Mensch wie Henry Ford so etwas gesagt hat, dann kann es ja nur richtig sein. Ralf geht mit keiner einzigen Silbe auf die genauen Vorteile ein, sondern beruft sich auf die Autorität eines überaus erfolgreichen Menschen. Um gegen eine solche Manipulationsmethode vorzugehen, sollte man die Richtigkeit der zitierten

Aussage in Frage stellen. Möglicherweise ist das Zitat bereits mehrere Jahrzehnte oder Jahrhunderte alt und trifft auf die heutige Zeit gar nicht mehr zu? Oder vielleicht ist das Zitat aus dem Zusammenhang gerissen und bezieht sich auf eine ganz andere Situation, die mit der heutigen überhaupt nicht vergleichbar ist? Vielleicht haben Fachleute von heute die zitierte Aussage schon längst widerlegt?

Natürlich kann man die manipulative Wirkung der Expertentaktik auch mit Sprichwörtern aus dem Volksmund erzielen.

Ralf strebt in seiner Firma den Posten des Abteilungsleiters an. Ein Arbeitskollege von ihm (Franz) strebt ebenfalls die in Rede stehende Position an, ahnt aber nichts von Ralfs Ambitionen, die Stelle des Abteilungsleiters einzunehmen. Nehmen wir an, Franz ist sich noch nicht zu 100% darüber schlüssig, ob er wirklich Abteilungsleiter werden will. Diese Zweifel kann Ralf verstärken, indem er Sprichwörter als Manipulationsmittel einsetzt.

Franz: „Ich wäre schon gerne Abteilungsleiter, aber irgendwas in mir hält mich noch etwas zurück."
Ralf: „Ja, ich weiß genau, was Du meinst. Wer hoch hinaus will, kann tief fallen, sagt ja schon der Volksmund. Und solche Sprüche kommen ja nicht von ungefähr, die haben

alle einen wahren Kern. Manchmal sollte man einfach mit dem zufrieden sein, was man hat – und das Glück nicht herausfordern. In dem, was Du derzeit machst, bist Du ja sehr gut. Warum solltest Du damit jetzt aufhören und versuchen, Abteilungsleiter zu werden? Du kennst sicher den Spruch: Schuster, bleib bei Deinen Leisten. Stell Dir vor, Du versuchst Abteilungsleiter zu werden und versagst in dieser Stellung? Da wärst Du sicher froh, wenn Du einfach bei Deiner jetzigen Position geblieben wärst. Man sagt ja: Lieber den Spatz in der Hand, als die Taube auf dem Dach. Ich an Deiner Stelle würde mir das Ganze nochmal genau überlegen. Es geht Dir doch auch so ganz gut, auch ohne Abteilungsleiter zu sein, nicht wahr!?"

DIE MEHRHEITS-TAKTIK

Je mehr Befürworter man hinter sich stehen hat, desto richtiger und wichtiger erscheint der eigene Standpunkt. Natürlich ist Quantität nicht gleich Qualität, aber die meisten Menschen lassen sich durch eine große Zahl an Befürwortern bezüglich einer bestimmten Meinung enorm beeinflussen. Es kommt automatisch der Gedanke, dass derart viele Leute sich unmöglich alle irren können. Dabei verhält es sich genau andersherum. Die Masse ist immer wesentlich leichter manipulierbar, als es ein Individuum ist, da in der Masse die Kritikfähigkeit enorm nachlässt. Doch gerade der Irrglaube, dass viele Menschen sich seltener irren, spielt dem Manipulator in die Hände.

Ralf und Gerd diskutieren darüber, ob es sinnvoll war, Alexander zum Betriebsratsvorsitzenden zu wählen. Ralf vertritt die Ansicht, dass Alexander der richtige Mann für diese Stellung ist, wohingegen Gerd einen anderen Kandidaten favorisiert.

Gerd: „Alexander ist nicht halb so geeignet als Betriebsratsvorsitzender, wie Marco es ist. Diese Wahl war falscher als falsch! Und die Zukunft wird mir recht geben.""
Ralf: „Das sehe ich nicht so. Alexander wurde schließlich von über 90% aller Mitarbeiter gewählt. Das ist eine überwältigende Mehrheit. So viele Leute können doch nicht alle falsch liegen."

Ralf führt keine sachlichen Gründe an, warum Alexander für ihn die einzig richtige Alternative für die Stelle des Betriebsratsvorsitzenden ist. Stattdessen hält er die Entscheidung allein schon deshalb für richtig, weil viele Menschen diese Entscheidung getroffen haben. Gerd hält diese Einstellung für ausgesprochen oberflächlich und bleibt bei seiner Sicht der Dinge.

Gerd: „Was soll denn das bitte schön für ein Argument sein? Nur weil viele Menschen eine Meinung teilen, ist diese Meinung dadurch richtig? Das kann ja wohl nicht Dein Ernst sein. Im Mittelalter waren sich so gut wie alle Menschen darüber einig, dass die Erde eine flache Scheibe ist. Nur weil Millionen Menschen einen bestimmten Standpunkt vertreten, wird er dadurch noch lange nicht wahr. Mir ist es völlig egal, wie viele Leute in der Firma Alexander für den richtigen Kandidaten im Vorsitz des Betriebsrates halten – ich halte diese Wahl für falsch. Marco wäre meines Erachtens nach die richtige Wahl gewesen."

Gerd stellt sich gegen die Mehrheit, völlig unbeeindruckt, dass er auf weiter Flur alleine steht mit seiner Einschätzung. Er weiß, dass eine mehrheitliche Meinung kein Grund ist, sich von seiner eigenen Meinung zu trennen. Marco und Ingo streiten sich darüber, welche Sportart für körperliche Fitness besser geeignet sei: Fußball oder Luta Livre (brasilianische Kampfkunst). Marco vertritt die Ansicht, dass Fußball die besser geeignete Sportart ist, wohingegen Ingo der Meinung ist, Luta Livre sei besser geeignet.

Marco: Luta Livre ist sicherlich nicht schlecht, um Kondition aufzubauen. Aber das ist doch kein Vergleich zu dem am weitesten verbreiteten Sport der Welt. Schau Dir nur einmal an, wie viele Leute Fußball spielen und wie

viele Leute diesen komischen Luta Dings-
bums-Sport nachgehen. Fast jedes Kind inte-
ressiert sich für Fußball. Das sagt doch eine
ganze Menge aus."
Ingo: „ Ist ja schön und gut, aber das sagt
nichts darüber aus, welche Sportart besser
ist für die körperliche Fitness. Wenn eine
Ansicht mehr Anhänger hat als andere An-
sichten, bedeutet das noch lange nicht, dass
diese Ansicht richtiger ist als die anderen.
Die Anzahl der Befürworter einer bestimmten
Ansicht ist kein Maßstab für richtig oder
falsch. Wer das glaubt, demonstriert damit
lediglich sein oberflächliches Denken."

DIE PERFEKTIONS-TAKTIK

Wenn etwas nicht perfekt ist, wird es abgelehnt. Kürzer lässt sich die Perfektions-
Methode nicht erklären. So gut ein Vorschlag
auch sein mag, perfekt ist er nie und somit
bietet er für die Perfektions-Methode immer
zahlreiche Angriffspunkte.

Ralf und Regina überlegen sich, in welchem
Land sie dieses Jahr ihren Sommerurlaub
verbringen wollen. Regina möchte weder
nach Spanien, noch nach Portugal. Sie weiß,

dass diese beiden Länder Ralfs bevorzugte Urlaubsziele sind.

Ralf: *„Wie wäre es mit Spanien oder Portugal?"*
Regina: *„Vorletztes Jahr wurde ich in Spanien bestohlen und letztes Jahr in Portugal. Diese Reiseziele erscheinen mir nicht besonders angebracht. Ich halte Griechenland für ein wesentlich attraktiveres Urlaubsziel."*

Regina äußert sich kritisch über die von Ralf präferierten Urlaubsziele, weil sie in ihren Augen nicht gut genug sind, weil in diesen Ländern Touristen bestohlen werden, weil diese Länder nicht perfekt sind. Im selben Atemzug bietet sie eine bessere Alternative an. Ralf empfindet Reginas Argumentationsweise als sehr oberflächlich und unsachlich.
Ralf: *„Das mag ja sein, aber wo steht denn geschrieben, dass Du nicht auch in Griechenland bestohlen werden kannst? Dein Urlaubsziel ist auch nicht perfekt."*

Ralf bringt deutlich zum Ausdruck, dass der Maßstab des Perfektionismus an keinem Urlaubsziel ein gutes Haar lassen würde und somit unangebracht ist.

Michael lässt sich in einem Gartenfachmarkt beraten. Er beabsichtigt einen Rasenmäher zu kaufen. Der Verkäufer empfiehlt ihm ein Gerät der Firma X. Diese Firma gilt als besonders qualitativ. Der Gartenfachmarkt hat einen Exklusivvertrag mit der Firma X und hat keine Rasenmäher von anderen Herstellern im Angebot.

Verkäufer: „Mit diesem Produkt können Sie nichts falsch machen. Alle Geräte der Firma X genießen den Ruf einer besonders hohen Qualität. Und das Preis-Leistungsverhältnis ist ebenfalls ausgezeichnet. Das bestätigt auch die Stiftung Artikeltest."
Michael: „Das mag ja alles stimmen, was Sie da sagen. Aber so perfekt ist dieses Gerät auch nicht. Vor ein paar Monaten habe ich erlebt, wie ein Gerät dieser Marke – wenn ich mich nicht irre, war es sogar derselbe Gerätetyp – bei meinem Nachbarn einfach so den Geist aufgegeben hat. Und das Gerät war gerade einmal zwei Wochen alt. Jetzt hat er einen Rasenmäher von der Firma Y, die Sie bedauerlicher Weise nicht in Ihrem Sortiment führen. Das Gerät der Firma Y nutzt er bereits seit drei Monaten und alles läuft zu seiner vollsten Zufriedenheit."

Michael betont ausdrücklich, dass das vom Verkäufer angebotene Gerät der Firma X für ihn nicht perfekt genug ist. Als Argument führt er ein Beispiel an, welches der Verkäufer nicht auf seine Richtigkeit hin überprüfen kann. Jedoch versetzt es den Verkäufer in eine defensive Haltung. Denn jedes direkte Gegenargument des Verkäufers würde den Eindruck erwecken, als beharre er darauf, dass das von ihm angebotene Gerät doch perfekt sei. Um diesen Eindruck nicht zu erwecken, empfiehlt sich die folgende Vorgehensweise.

Verkäufer: „Das tut mir für Ihren Nachbarn sehr leid, dass sein Rasenmäher nicht mehr funktioniert. Technische Mängel lassen sich leider niemals 100%ig ausschließen. Das gilt für alle Rasenmäher."

Der Verkäufer setzt der angestrebten Perfektion die Realität entgegen. Es ist einfach eine Tatsache, dass es technische Bereiche gibt, die zu einem gewissen Teil unwägbar bleiben. Selbst die NASA kann nicht alle Risiken ausschließen, wenn ein Space-Shuttle ins All startet, obgleich Tausende von hochkarätigen Experten und Spezialisten daran gearbeitet haben.

DIE STROHMANN-TAKTIK

Mit dieser Methode schiebt man seinem Gesprächsgegner auf subtile Art und Weise eine Meinung unter, die er gar nicht vertritt und viele Angriffspunkte liefert. Daher der Name „Strohmanntaktik", da hierbei ein nicht existenter Strohmann dazu dient, ein virtuelles Feindbild aufzubauen. Oder man bedient sich des tatsächlichen Standpunktes des Gesprächsgegners und ändert bzw. verzerrt diesen derart stark um, so dass er im weiteren Verlauf des Gesprächs mühelos demontiert werden kann. Das kann erfolgen, indem man bestimmte Sätze aus dem Zusammenhang reißt, sie in einen gänzlich anderem Kontext verwendet und dadurch den Sinn komplett ändert. Ebenso eignen sich Verallgemeinerungen, Vereinfachungen oder Übertreibungen der tatsächlichen Meinung des Gesprächsgegners. Das ist leicht zu machen. Oft reicht es bereits aus, wenn man bestimmte Füllwörter wie „bisweilen", „oft" oder „häufig" weglässt oder bewusst hinzufügt. Da so gut wie jeder Fall eine Ausnahme hat und nur unter bestimmten Rahmenbedingungen Gültigkeit hat, lassen sich verallgemeinerte und pauschalisierte Argumente wesentlich leichter diffamieren. Lässt man die erwähnten Füllwörter weg, erzeugt man den Eindruck, dass der Gesprächsgegner seine Thesen, Meinungen und Standpunkte als allgemeingültig hält, was automatisch Widerspruch hervorruft.

Ralf und Regina sind ein verheiratetes Paar und haben einen Sohn im Alter von 14 Jahren. Sein Name ist Alexander. In den Sommerferien wünscht sich Alexander, dass ihm seine Eltern eine Urlaubsreise mit einer Jugendgruppe nach Spanien erlauben. Vater Ralf ist einverstanden, aber Mutter Regina sorgt sich zu sehr und ist dagegen, ihren Sohn ohne elterliche Begleitung in den Urlaub reisen zu lassen.

Alexander (Sohn): „Darf ich mit der Jugendgruppe nach Spanien fliegen? Bis nächste Woche Mittwoch brauche ich Eure Unterschriften. Fritz und Moritz sind auch dabei. Das wird bestimmt super! Auch die Betreuer der Jugendgruppe sind richtig cool drauf."
Vater (Ralf): „Na klar. Die Betreuer kenne ich sogar persönlich. Auf die kann man sich verlassen."
Regina (Mutter): „Ich bin dagegen. Meine Unterschrift bekommst Du nicht."
Ralf: „Was soll denn das, Schatz? Ich finde es nicht gut, dass Du unserem Sohn keinen Spaß gönnst. Du willst ihm wohl den ganzen Sommer vermiesen."

Ralf unterstellt Regina bestimmte Beweggründe, die absolut fiktiv und von ihm erfunden sind. Reginas wahres Motiv liegt in ihrer mütterlichen Sorge um ihr einziges Kind begründet. Doch Ralf konstruiert einen fiktiven Strohmann, der Regina ziemlich schlecht aussehen lässt vor den Augen ihres Sohnes.

Als Abwehr dieser Manipulationstechnik ist es angebracht, die Unterstellung entschieden von sich zu weisen und deutlich zu machen, dass die eigene Position ganz anders aussieht. Dies sollte unmittelbar nach der Unterstellung geschehen, damit man nicht sofort mit der unterstellten Meinung gleich gesetzt wird.

Regina: „Momentchen mal. Das lasse ich so aber nicht auf mir sitzen. Nur weil ich dagegen bin, dass Alexander mit der Jugendgruppe nach Spanien fliegt, schließt Du daraus, dass ich ihm absichtlich die Sommerferien vermiesen will? Das siehst Du aber ganz falsch. Ich bin deshalb dagegen, weil ich mich um unseren Sohn sorge. Schließlich wäre das sein allererster Urlaub, in den er ohne uns geht.“

DIE TRIVIALITÄTS-TAKTIK

Bei der Trivialitätstaktik bringt man eine Kritik an, die sich nur auf einen bestimmten Bereich einer Sache bezieht. Meist handelt es sich dabei, wie der Begriff „Trivialitätstaktik" bereits ausdrückt, um triviale Faktoren. Diese Taktik wird besonders dann eingesetzt, wenn keine stichhaltigen Argumente vorhanden sind.

Martin und Susanne sind zu einer Party eingeladen. Martin würde aber viel lieber zu Hause bleiben und sich ein Fußballspiel im Fernsehen anschauen.

Martin: „Stell Dir nur mal vor, wie viele Leute uns vielleicht anrufen, wenn wir nicht daheim sind, und wir können nicht ans Telefon gehen, weil wir auf der Party sind."

Marco und Simone planen einen Urlaub in Hawaii. Simone hält nicht besonders viel von dem anvisierten Urlaubsziel und wendet die Trivialitätstaktik an, um doch nicht nach Hawaii zu reisen.

Simone: „Ich bin dagegen, nach Hawaii zu reisen. Da kann ich ganz leicht einen Sonnenbrand bekommen."

Als Abwehr ist es angemessen, den Manipulator dazu zu bringen, seine Aussage selbstkritisch zu beleuchten. Dies kann durch Fragen nach den Konsequenzen erfolgen.

Susanne geht auf Martins Einwand ein, auch wenn er ihr trivial erscheint.

Susanne: „Natürlich kann es passieren, dass uns viele Leute anrufen, während wir auf der Party sind. Siehst Du da irgendwelche negativen Konsequenzen auf uns zukommen, wenn wir einen Abend telefonisch nicht zu erreichen sind? Wenn ja, welche sind das?"

Marco geht auf Simones Einwand ein, als wäre er eine Frage und er sie beantworten soll.

Marco: „Klar kann man nicht ausschließen, dass Du einen Sonnenbrand bekommst, aber da wir wissen, dass es in Hawaii sehr warm ist, können wir uns vor einem Sonnenbrand problemlos schützen, indem wir uns in den Schatten legen und Sonnenmilch benutzen."

DIE EVIDENZ-TAKTIK

Mit der Evidenztaktik (auch Tabuisierungstaktik genannt) werden bestimmte Argumente, Standpunkte und Meinungen bereits im Vorfeld kritisiert, schlecht geredet und somit ausgeschlossen, lange bevor sie überhaupt geäußert werden. Diese Manipulationsmethode ist besonders im Kriegsfall ein beliebtes Propagandamittel. Immer dann, wenn man die Bevölkerung für einen Kriegseinsatz gewinnen will, werden alle möglichen Argumente des Kriegsgegners bereits wochen- und monatelang in den Medien entwertet und als Lüge klassifiziert. Somit schafft man es, dass alles, was aus dem Mund der kritisierten Person kommt, automatisch als negativ, hinterlistig und böse wahrgenommen wird. Selbst wenn diese Person öffentlich den Frieden oder einen Waffenstillstand ausrufen würde, würden ihre Worte wirkungslos verpuffen und kein Gehör finden, da man ihr bösartige Hintergedanken unterstellen würde.

In der Firma XY überlegen die beiden Firmeninhaber Ralf und Wolfgang, einen neuen Marketingspezialisten einzusetzen. Ralf hat einen besonderen Kandidaten im Sinn, von dem er absolut überzeugt ist, dass er der Richtige für den Job ist. Wolfgang jedoch ist strikt gegen diese Person und ist nicht einmal bereit, über Ralfs Wunschkandidaten zu sprechen.

Ralf: „Also, ich habe mir gedacht, dass Michael der geeignete....“
Wolfgang: „Bevor Du weiterredest, lass Dir bitte gesagt sein, dass Michael auf keinen Fall in Frage kommt. Ich sage gleich vorweg, dass in der Sache meine Entscheidung fest steht und kein Bedarf an weiteren Gesprächen über diese Person vorhanden ist. Ich habe gehört, dass der Mann nicht teamfähig ist. Worte und Taten klaffen bei ihm meilenweit auseinander. Ihm fehlt ganz eindeutig das erforderliche Format für diese Aufgaben. Er ist völlig fremd in dieser Materie. Egal, was der Mann behauptet, da redet der Blinde von der Farbe. Damit habe ich alles zu diesem Thema gesagt!“

Wolfgang legt seine ganze Autorität in die Waagschale und demonstriert absolute Kompromisslosigkeit. Er rückt keinen Millimeter von seinem Standpunkt ab und lässt das von Ralf begonnene Thema als gesprächsunwürdig erscheinen. Ralf geht in die Offensive und weist auf die Vorteile seines Vorschlags hin.

Ralf: „Es mag sein, dass Du Negatives über Michael gehört hast, aber die Informationen, die ich vorliegen habe, weisen auf einen anderen Schluss hin. Erinnerst Du Dich an das erfolgreiche Delta-Projekt vergangenes

Jahr? Daran war Michael maßgeblich betei-
ligt. Sein früherer Vorgesetzter hat ihn als
talentiert, arbeitstüchtig und vielseitig gelobt.
Besonders im Marketingbereich ist er mir von
verschiedenen, seriösen Seiten sehr emp-
fohlen worden. Zieht man alles in Betracht,
ist er für die angebotene Stelle in unserem
Marketingbereich geradezu prädestiniert."

Ralf geht zunächst auf Wolfgangs Aussagen
ein und streitet nicht ab, dass Wolfgang etwas Negatives über Michael gehört hat. Im
gleichen Atemzug entkräftet er Wolfgangs
Begründung mit der Erwähnung positiver
Aussagen bezüglich Michaels Talentlage,
und übergeht damit den Tabuisierungsver-
such. Würde Wolfgang das ihm verhasste
Thema weiterhin zu tabuisieren versuchen,
könnte man ihm zu Recht Unsachlichkeit
vorwerfen.

DIE ANALOGIE-TAKTIK

Vergleiche sind ein geeignetes Manipulationswerkzeug. Man zieht Vergleiche zwischen zwei unterschiedlichen Situationen, betont ihre (angebliche) Ähnlichkeit und kommt zu dem naheliegenden Schluss, dass alles, was in einer Situation zutraf, auch für die andere Situation stimmen muss. War eine bestimmte Aktion in Situation 1 erfolgreich, so muss sie auch in Situation 2 zum Erfolg führen. War eine Aktivität in Situation 1 erfolglos, so geht man davon aus, dass sie auch in Situation 2 erfolglos verlaufen wird. Die Wirksamkeit der Analogietaktik hängt natürlich davon ab, inwiefern sich bestimmte Situationen ähneln und ob zwischen ihnen ein relevanter Zusammenhang besteht oder nicht. Oft ist es so, dass man die Analogietaktik gar nicht als solche erkennt.

Fritz und Karl diskutieren darüber, ob es angebracht wäre, bei ihrem Arbeitgeber eine Gehaltserhöhung zu fordern.

Fritz: „Karl, es wird mal wieder Zeit, bei unserem Chef eine Gehaltserhöhung einzufordern."
Karl: „Aber Fritz, das haben wir doch erst vor drei Monaten getan und da stießen wir auf taube Ohren."
Fritz: „Na und wenn schon. Es kann einfach nicht sein, dass wir trotz unserer hervorra-

genden Leistungen mit unserem jetzigen mickrigen Gehalt abgespeist werden. Wir dürfen da nicht locker lassen. Es ist wie in der Natur: Der stete Tropfen höhlt den Stein. Bleiben wir also dran mit unserer Forderung und durchbrechen den Widerstand unseres Chefs."

Fritz vergleicht die Forderung nach einer Gehaltserhöhung mit Tropfen, die durch andauerndes Fallen auf einen harten Stein, diesen eines Tages verändern. Der harte Stein steht in diesem Fall für einen kompromisslosen Arbeitgeber, während die Analogie, dass ein steter Tropfen den Stein höhlt, die Hoffnung weckt, dass die Forderung der Gehaltserhöhung früher oder später von Erfolg gekrönt sein wird.

Karl hält den Zeitpunkt für die Forderung nach einer Gehaltserhöhung für schlecht gewählt.

Karl: „Deine Hartnäckigkeit in allen Ehren, Fritz, aber Deine Argumentation lässt zu wünschen übrig. Du vergleichst Äpfel mit Birnen, wenn Du unsere Forderung nach einer Gehaltserhöhung mit Wassertropfen, die auf einen Stein niederprasseln, vergleichst."

Die Analogietaktik lässt sich auch einsetzen, ohne dass der Gesprächsgegner es bewusst wahrnimmt. Werfen wir dazu einen Blick auf folgenden Fall: Helmut hat einen Nutzgarten angelegt. Den ganzen Tag lang hat er schwer im Garten gearbeitet und ist dadurch sehr erschöpft. Am Abend lässt er Schaufel, Schubkarre und Harke im Garten stehen und geht ins Haus. Tags darauf stellt er fest, dass die Gartengeräte geklaut wurden. Seine Frau Angela kritisiert ihn deshalb.

Angela: „Du hättest die Gartengeräte in den Werkzeugschuppen stellen sollen."
Helmut: „Ach, ist das so? Man kann eben nicht mit allem rechnen."

Helmut vergleicht die in Rede stehende Situation mit der Tatsache, dass man eben nicht mit allem rechnen kann. Dass man nicht mit allem rechnen kann, steht außer Frage und ein jeder würde Helmut beipflichten, dass diese Aussage stimmt. Jedoch nutzt Helmut die Richtigkeit dieser Aussage als Entschuldigung dafür, dass er die Gartengeräte einfach im Garten stehen ließ. Er weist aber nicht nach, dass es unmöglich war, damit zu rechnen, dass die Geräte im Garten entwendet werden könnten. Stattdessen rechtfertigt er seine Unvorsichtigkeit mit einer verdeckten Alalogiemethode. Angela lässt sich nicht irreführen und geht in die Offensive.

Angela: „Tut mir ja wirklich leid, aber ich sehe keinen Zusammenhang zwischen der Aussage, dass man nicht mit allem rechnen kann, und Deiner Nachlässigkeit, die Gartengeräte einfach so herumliegen zu lassen."

Analogie lehnt die von Helmut angeführte Analogie ab. In ihren Augen lassen sich die tatsächliche Situation und der von Helmut gemachte Vergleich keinesfalls miteinander vergleichen. Sie sind sich nicht einmal ähnlich.

DIE BEFANGENHEITS-TAKTIK

Wenn man argumentativ nicht mehr weiterkommt und der Gesprächsgegner die Oberhand hat, kann man ihn durch die Befangenheitstaktik aus dem Feld schlagen. Man unterstellt dem Gesprächsgegner (glaubwürdig), dass er zu sehr befangen ist, um in der ganzen Angelegenheit als objektiver und sachlicher Gesprächsteilnehmer ernst genommen zu werden. Wenn man den Eindruck erwecken kann, dass der Gesprächsteilnehmer heimliche und eigennützige Interessen verfolgt, stellt ihn das in ein Licht der Unaufrichtigkeit. Das führt zu einem großen und oft entscheidenden Vertrauensverlust.

Frau Müller und Frau Meier sind beide Politi-kerinnen und gehören zwei verschiedenen Parteien an, die um die Gunst der Wähler buhlen. Während einer politischen Talk-Sendung im Fernsehen fordert Frau Müller den Rückzug der Bundeswehr aus einem besetzten Land.

Frau Müller: „Meine Partei und ich sind der Meinung, dass ein Rückzug unserer Solda-ten zur Stabilisierung des Friedens in der gesamten in Rede stehenden Region führt."
Frau Meier: „Dass Sie das so vehement for-dern, liebe Frau Müller, wundert mich nicht im Geringsten. Soweit ich weiß, ist ihr Bruder Berufssoldat und befindet sich ebenfalls im Kriegsgebiet. Sie können also unmöglich objektiv bleiben bei diesem Thema, weil sie um die Sicherheit ihres Bruders besorgt sind. Selbstverständlich kann ich das gut nachfüh-len, aber hier geht es nicht um ihre persönli-chen Ziele, sondern darum, was unserem Land am besten nützt."

Frau Meier unterstellt ihrer Gegnerin Befan-genheit und zweifelt somit offen ihre Objekti-vität an. Die Zuschauer dieser Talk-Runde werten durch Frau Meiers angewandte Be-fangenheitstaktik alle vorhergehenden Ar-gumente und Begründungen von Frau Müller ab, da sie plötzlich unehrlich erscheint. Es ist so, als hätte man ihr die Maske vom Gesicht gerissen und enthüllt, dass sie ein doppeltes

Spiel spielt. Wie kann Frau Müller das Vertrauen in sich wieder herstellen?

Frau Müller: „Das ist ja ein interessanter Zusammenhang, den Sie hier zu konstruieren versuchen, Frau Meier. Selbstverständlich leugne ich nicht, dass mein Bruder Berufssoldat ist und sich im Kriegsgebiet aufhält. Ich respektiere seinen Berufswunsch und möchte klar betonen, dass dieser Berufswunsch auf seiner großen Liebe zu seinem Vaterland begründet ist. Und ebenso wie er alles macht, was in seiner Macht steht, um unser Land zu beschützen, so setze ich mich auch für unser aller Zukunft ein. Mein ehrliches und starkes Interesse für die Sicherheit unserer Bürger mit Voreingenommenheit gleichzusetzen, so wie Sie es vorhin versucht haben, finde ich reichlich unangebracht und unpassend. Ich habe eine Forderung gestellt, die nicht nur meinem Bruder, sondern unserem gesamten Volk gut tun wird."

Frau Müller trennt deutlich zwischen Voreingenommenheit und sachlicher Begründung. Sie leugnet nichts, was sich nicht verbergen lässt und gibt offen zu, dass ihr Bruder durch die Annahme ihrer Forderung Vorteile erhält. Damit präsentiert sie souverän ihre Ehrlichkeit und Offenheit. Gleichzeitig betont sie mit Nachdruck, dass ihr Hauptinteresse dem Wohlergehen der Wähler gilt – und dass die Tatsache, dass es ihrem Bruder durch die von ihr angestrebte Politik ebenfalls besser gehen wird, nur ein zufälliges, positives Randereignis darstellt. Alles in allem betrachtet erscheint Frau Müller durch die geschickte offene Erklärung sehr sympathisch: Sie liebt ihr Volk, sie liebt ihr Land und kommt zugleich als ein familiärer Mensch rüber.

EMOTIONALE APPELLE

Wir alle sind Menschen und dadurch empfänglich für bestimmte Gefühle. Empfänglich sein bedeutet in diesem Falle natürlich auch, dass wir manipulierbar sind. Man kann an die unterschiedlichsten Gefühle appellieren: Angst, Fairness, Verständnis, Mitleid oder an andere Gefühle. Clevere Manipulatoren appellieren an unsere Menschlichkeit, an unser Mitgefühl, an unsere Fairness. Wenn an solch edle Eigenschaften appelliert wird, fällt es automatisch schwerer, NEIN zu sagen. Denn das würde bedeuten, man sei nicht menschlich, man hätte kein Mitgefühl und man sei unfair. Dies ist dem Manipulator natürlich bewusst und darauf münzt seine ganze Taktik.

APPELL AN DIE ANGST

Der Manipulator will ein bestimmtes Ziel durchsetzen. Um sein Ziel zu erreichen, appelliert er an Ihre Angst, an Ihre Furcht, Ihre Unsicherheit, Ihr Sicherheitsbedürfnis. Er zeichnet die bedrohlichsten Zukunftsvisionen, die schrecklichsten Konsequenzen, die man sich denken kann, wenn das, was er als Ziel anstrebt, nicht umgesetzt wird. Je besser er darüber Bescheid weiß, wovor sie sich besonders fürchten, umso mehr Tiefenwirkung entfaltet sein Appell an Ihre Angst. Natürlich kann man den Appell an die Angst sowohl für die Annahme einer bestimmten Maßnahme nutzen, als auch für die strikte Ablehnung einer bestimmten Sache.

APPELL AN DIE VERNUNFT

„Herr Müller, ich appelliere an Ihre Vernunft…!"

Wenn jemand an die Vernunft appelliert, scheint er automatisch Recht zu haben. Kommt jemand dem Appell nicht nach, entsteht der Eindruck, man handle unvernünftig. Extreme Positionen gelten immer als negativ, deshalb klingt der Appell an die ausgewogene „goldene Mitte" immer sehr vernünftig.

APPELL AN MITLEID

„Seien Sie bitte nachlässig mit Herr Meiers schlechten Leistungen. Bedenken Sie bitte, dass seine Frau sich letzten Monat von ihm getrennt hat und er darüber noch nicht hinweg gekommen ist."

Appelle an das Mitgefühl schalten oft den sachlichen Verstand aus und veranlassen uns zu Entscheidungen, die wir rein verstandesmäßig nicht getroffen hätten. Verweigert sich jemand dem Mitleids-Appell, erscheint er herzlos und gefühlskalt.

APPELL AN FAIRNESS

Niemand von uns möchte unfair sein, folglich wollen wir alle fair sein. Der Manipulator braucht also nur an unser Gefühl der Fairness zu appellieren und schon sind wir relativ leicht zu beeinflussen.

„Herr Stein, ich bin an einer fairen Lösung für alle Beteiligten interessiert. Und wie ich Sie kenne, wollen auch Sie, dass es fair und gerecht zugeht. Deshalb halte ich es für angebracht, wenn ... ."

DIE ABERGLAUBENS-TAKTIK

Die wenigsten Menschen handeln rein rational, stattdessen glauben viele an ein vorbestimmtes Schicksal, an höhere Mächte und an bestimmte Gegebenheiten, die Glück und Pech fördern. Manch einer erwartet etwas Negatives, wenn ihm eine schwarze Katze über den Weg läuft, wohingegen man ein Hufeisen mit Glück verbindet. Obgleich wir in einer Zeit leben, in der die Welt von der Wissenschaft beherrscht wird, fällt es den Menschen schwer, sich vom Aberglauben zu befreien. Dies kann man sich ohne Weiteres zunutze machen, wenn man jemanden beeinflussen möchte.

Oliver ist in eine Frau verliebt und will ihr einen Heiratsantrag machen. Ohne dass er etwas davon ahnt, ist sein Bekannter Paul in dieselbe Frau verliebt. Auch Paul hatte vor, ihr einen Heiratsantrag zu machen. Paul weiß, dass die in Rede stehende Frau sowohl für ihn, als auch für Oliver liebevolle Gefühle pflegt. Deshalb kann er nicht ausschließen, dass die Frau den Heiratsantrag seines unwissenden Nebenbuhlers annimmt. Oberstes Ziel ist es also, ihm sein Vorhaben auszureden und ihm zuvorzukommen mit einem eigenen Heiratsantrag. Und dabei macht Paul sich den Aberglauben seines Bekannten Oliver zunutze.

Oliver: „Ich habe Dir doch von dieser wundervollen Frau erzählt, die ich damals im Blumenladen kennen gelernt habe!?"
Paul: „Ja. Wieso fragst Du?"
Oliver: „Ich werde ihr heute einen Heiratsantrag machen. Es ist schon alles vorbereitet. Ich habe den Ring hier in meiner rechten Jackentasche. Und ich weiß auch genau, was ich sagen werde."
Paul: „Und Du bist Dir absolut sicher, dass Du das heute machen willst?"
Oliver: „Ja, warum fragst Du?"
Paul: „Na, weil heute Freitag der 13. ist. Also ich an Deiner Stelle würde mir das nochmal überlegen. Natürlich kannst Du einen Versuch wagen, aber sage später nicht, ich hätte Dich nicht gewarnt."

Paul will Zeit gewinnen, um seinen eigenen Heiratsantrag vorzubereiten, und konfrontiert Oliver mit seinem Aberglauben. Der ist dafür sehr empfänglich und kommt ins Grübeln. Wenn Pauls Plan funktioniert, wird Oliver seinen Heiratsantrag auf einen späteren Zeitpunkt verschieben. Und inzwischen kann Paul konkurrenzlos seiner Angebeteten seinen Antrag machen.

DIE SCHULDGEFÜHLE-TAKTIK

Fühlt sich jemand schuldig, ist er leicht beeinflussbar. Man denke dabei nur an das Mittelalter und die Macht der Kirche, welche dem Volk damals eingeredet hat, dass ein jeder mit der Erbsünde auf die Welt gekommen ist und Buße tun muss. Auch in Beziehungen wird das schlechte Gewissen oft als Druckmittel eingesetzt. Es gibt eine erstaunlich hohe Dunkelziffer, nach der viele Menschen in einer Beziehung bzw. in der Ehe bleiben, weil ihr Partner ihnen ständig sagt, dass er ohne die Beziehung / Ehe keinen Sinn im Leben sieht und sich das Leben nehmen würde („Wenn Du gehst, bringe ich mich um!"). Psychologen sprechen in solch einem Fall von emotionaler Erpressung. Das dabei entstehende schlechte Gewissen sorgt dafür, die eigenen Bedürfnisse zurück zu stellen und auf die Wünsche des Partners einzugehen.

Da niemand von uns perfekt ist, kann jeder Fehler machen und „schuldig" werden. Manipulatoren wissen das und auferlegen ihre Mitmenschen gerne mit Schuldgefühlen, um ihre eigenen Interessen durchzuboxen.

Peter möchte mit seiner Freundin Julia gerne ins Kino gehen, doch die hat etwas anderes vor. Alleine hat Peter aber keine Lust auf

Kino und so versucht er seine Freundin zu beeinflussen, damit sie ihre Meinung ändert.

Peter: *„Warum willst Du denn nicht mit mir ins Kino?"*
Julia: *„Ich habe mich mit Stefanie und Tanja verabredet. Diese Verabredung steht bereits seit zwei Wochen und da kann ich jetzt nicht auf den letzten Drücker einfach so absagen."*
Peter: *„Du könntest ihnen doch einfach sagen, dass Du Migräne hast und deshalb nicht kommen kannst."*
Julia: *„Ich soll sie anlügen? Nein, das mache ich nicht. Außerdem können wir ja auch morgen ins Kino gehen. Der Film läuft doch erst seit heute. Der läuft uns schon nicht weg."*
Peter: *„Erinnerst Du Dich, als Du letztes Jahr im Juni unbedingt zu der Modenschau in die Stadthalle wolltest? Da hatte ich mich eigentlich mit Hans und Moritz zum Fußball verabredet. Denen hatte ich kurzerhand abgesagt, damit wir unsere Zeit gemeinsam verbringen können. Ich hatte eigentlich gedacht, dass Dir auch etwas daran liegt, dass wir mehr zusammen unternehmen. Aber so wie es aussieht, habe ich mich wohl getäuscht. Das nächste Mal, wenn ich alles stehen und liegen lasse, um mit Dir zusammen zu sein, sag mir bitte vorher, dass das nicht auf Gegenseitigkeit beruht. Dann weiß ich, woran ich bin. Ich habe Dich offensichtlich falsch eingeschätzt."*

Peter suggeriert den Eindruck, als hätte Julia ihn ausgenutzt und dass er berechtigten Grund hat, seine damalige Gutmütigkeit zu bereuen und sich gekränkt zu fühlen. Er beschreibt mit einem gequälten Blick und einem Seufzer der Enttäuschung die aktuelle Situation so, dass er ständig bereit ist, für die Beziehung Opfer zu bringen, Julia hingegen nicht. Damit weckt er bei Julia Schuldgefühle, so dass sie sich fragen muss, wie Peter mit ihrem Verhalten zurecht kommt.

Julia ist aber nicht so leicht zu beeinflussen und weiß von einer Paartherapeutin, dass man gegen ein schlechtes Gewissen vorgehen sollte, denn damit ist niemandem geholfen. Wenn der Partner einem vorwirft, dass man ihn quäle, sind das zunächst dessen Gefühle. Und wenn der Partner sich mit vergangenen Taten brüstet, dann haben die mit der aktuellen Situation nichts zu tun. Peter hat sich damals freiwillig entschieden, seine Verabredung mit seinen Freunden Hans und Moritz abzusagen – niemand hat ihn dazu gezwungen und vor allem hat Julia ihn damals nicht unter Druck gesetzt, so wie Peter es jetzt bei ihr versucht. Es war Peters freiwillige Entscheidung und Julia hat sie akzeptiert. Dasselbe kann sie nun auch von Peter erwarten, nämlich, dass er ihre Entscheidung akzeptiert, auch wenn sie ihm nicht gefallen sollte.

Julia: „Es ist schade, dass du das so siehst. Du hast bestimmte Erwartungen an mich und nur weil ich diesen Erwartungen nicht entspreche, versuchst Du bei mir ein schlechtes Gewissen zu erzeugen. Dabei habe ich doch bereits oft genug alles stehen und liegen gelassen, damit wir unsere Zeit gemeinsam verbringen. Eines möchte ich klar zu verstehen geben: Ich treffe mich nicht mit meinen Freundinnen, damit Du Dich schlecht fühlst. Ich mache also nichts GEGEN Dich, sondern etwas FÜR mich. Von daher brauche ich kein schlechtes Gewissen zu haben und wäre froh, wenn Du mir meine heutige Verabredung mit meinen zwei besten Freundinnen gönnen würdest."*

DIE IRRELEVANZ-TAKTIK

Eine Meinung zählt umso mehr, wenn ihre Begründung überzeugend ist. Jeder angegebene Grund muss die Richtigkeit der Meinung stärken und untermauern. Nun kann es aber selbst dem besten Rhetorikartisten passieren, dass ihm die Gründe ausgehen und er nicht mehr weiter weiß. In solchen Fällen wird oft zur Irrelevanz-Methode gegriffen. Diese Methode lenkt vom eigentlichen Thema ab und leitet das Gespräch in eine andere Richtung. Gleichzeitig verwendet man weiterhin die Begriffsrahmen, die zum eigentlichen Thema gehören, so dass das Ablenkungsmanöver unbemerkt bleibt.

Arnold ist Bodybuilder und stemmt jeden Tag schwere Gewichte. Durch jahrelanges Training hat er einen sehr muskulösen Körper und ist das Aushängeschild des hiesigen Fitness-Centers. Er erhält mehrere Auszeichnungen bei Bodybuilding-Veranstaltungen und bekommt hohe Preisgelder. Das steigt ihm bald zu Kopf und er wird hochnäsig. Bald schon macht er sich lustig über seine Bekannten und ihre Berufszweige, was schließlich zu einer Diskussion zwischen ihm und seinem Bekannten Manfred führt.

Manfred: „Du hast Dich sehr herablassend zu meinem Beruf als Gärtner geäußert. Ich hege und pflege die Natur, aber was bringt Bodybuilding eigentlich der Allgemeinheit? Im Grunde ist dieser ganze Sport, wenn man ihn überhaupt so nennen kann, ohne einen echten Nutzen."
Arnold: „Wie bitte? Was soll denn das heißen? Weißt Du eigentlich, wie viel Gewichte ich täglich stemme? Ich verbringe mehrere Stunden im Studio und das sieben Tage die Woche. Freizeit und Privatleben sind bei mir im Grunde überhaupt nicht vorhanden. Neben dem eisenharten Training achte ich auch

noch auf meine Ernährung, gehe in der Wo-
che dreimal joggen, um Fett abzubauen und
muss mich auch psychisch auf meine Wett-
kämpfe vorbereiten. Die Anforderungen an
uns Bodybuilder sind verdammt hoch und
sich einen solchen Körper zu schaffen, wie
ich ihn habe, ist mit das Schwerste, was sich
überhaupt denken lässt. So viel Kraft und
Durchhaltevermögen musst Du als Gärtner
nicht aufbringen."

Arnold mag recht haben mit dem, was er
vorbringt, jedoch geht er damit an der eigentlichen Frage vorbei. Er beschreibt den Aufwand, den man betreiben muss, um einen
muskulösen Körper zu haben, aber er geht
mit keiner Silbe darauf ein, welchen Nutzen
Bodybuilding der Allgemeinheit bringt. Was
Arnold hier macht, ist ein reines Ablenkungsmanöver, weil ihm keine Argumente
einfallen.

Manfred lässt sich nicht ablenken und be-
harrt auf eine sachliche Antwort auf seine
Frage.

Manfred: „Selbstverständlich glaube ich Dir,
dass Du einen großen Aufwand betreibst, um
Dir solche Muskelberge anzutrainieren. Aber
wo ist der Zusammenhang zu meiner eigent-
lichen Frage? Welchen Nutzen bringt Body-
building der Allgemeinheit?"

DIE BRUNNENVERGIF-TUNGS-TAKTIK

Bei dieser Manipulationstaktik wird die Position des Gegners bereits im Vorfeld vom Tisch gefegt. Man wirft den gegnerischen Standpunkt aus dem Rennen, bevor er überhaupt bekannt gegeben wird. Wenn nun doch jemand den aus dem Feld geräumten Standpunkt einnimmt, ist es so, als trinke er aus einem vergifteten Brunnen – daher die Bezeichnung „Brunnenvergiftung". Nachfolgend ein paar Beispiel-Aussagen, mit denen ein Manipulator „den Brunnen vergiftet" und seine eigene Aussage als über jeden Zweifel erhaben in den Raum stellt.

„Wer auch nur ein bisschen Sachkunde mitbringt, der weiß, dass wir den richtigen Kurs fahren. Das ist eine Tatsache, an der nicht zu rütteln ist."

„Es lässt sich kaum bestreiten, dass wir konsequent und richtig gehandelt haben. Wer etwas anderes behauptet, weiß nicht, wovon er redet oder er lügt bewusst."

„Jedes Kind weiß, dass die derzeitige Verkaufsstrategie unseres Unternehmens nicht die gewünschten Ergebnisse bringt. Es steht ohne jeden Zweifel fest, dass wir sie ändern müssen. Wer dagegen ist, der ist verantwort-

lich dafür, dass unser Unternehmen zugrunde geht."

„Es ist eine unbestreitbare Wahrheit, dass unsere derzeitige Firmenführung eine maßlose Enttäuschung ist. Wer das nicht sieht, der ist blind."

Wer sich diesen Anfangsaussagen widersetzt, dem wird allzu vorschnell das Etikett verliehen, dass er eben keine Sachkunde hat, dass er nicht weiß, wovon er redet, dass er bewusst lügt, dass er sein Unternehmen zugrunde richtet oder dass er blind ist. Die Position des Gegners, die noch nicht einmal erwähnt wurde, ist bereits durch die Aussagen des Manipulators derart vergiftet, dass niemand es wagt, sie jetzt noch zu vertreten.

Als Abwehrmaßnahme eignet sich hier die kritische Aufforderung an den Manipulator, seine Aussagen zu konkretisieren. Damit schiebt man ihm die Beweislast zu, so dass er seine Aussagen sachlich begründen muss.

„Ich halte nicht viel von Deiner Aussage, denn sie ist mir zu oberflächlich. Ich habe sehr viel Sachkunde, habe mich mit dem in Rede stehenden Thema mehrere Jahre intensiv auseinandergesetzt und bin gänzlich anderer Ansicht. Bitte erkläre mir und allen anderen Anwesenden, warum Du Deinen

Standpunkt als eine Tatsache siehst, an der nicht zu rütteln ist."

„Das ist mir nicht konkret genug. Du unterstellst, dass jemand lügt oder nicht weiß, wovon er redet, wenn er nicht Deine Meinung teilt. Wie kommst Du darauf?"

„Ich halte die derzeitige Verkaufsstrategie für ausgezeichnet. Was stört Dich denn ganz genau daran?"

„Kannst Du das etwas präzisieren? Was genau missfällt Dir an unserer Firmenführung? Wenn Du uns das sagst, dann könnten wir darüber diskutieren."

ANGRIFF AUF DIE PERSON

Manipulatoren neigen oft dazu, nicht die gegnerische Meinung anzugreifen, sondern stattdessen den Gesprächsgegner selbst verbal zu attackieren, indem sie ihm einen schlechten Charakter unterstellen. Diese Taktik ist besonders dann effektiv, wenn ein Publikum zugegen ist. Welcher Eindruck entsteht dadurch? Dass jemand mit einem schlechten Charakter auch nur schlechte

Standpunkte vertreten kann. Der Gegner wird dämonisiert, verliert jede Glaubwürdigkeit und gilt grundsätzlich als jemand, dem man unter keinen Umständen vertrauen und den man auf keinen Fall unterstützen darf. Mit dieser Taktik verlässt man die Sachebene und zielt darauf ab, die Gefühle des Publikums in eine gewünschte Richtung zu lenken.

„Na, das wundert mich ja jetzt nicht, dass Sie gegen eine Preiserhöhung sind. Schließlich profitiert Ihr Subunternehmen davon, wenn die Preise unverändert bleiben."

„Das habe ich mir doch gleich gedacht, dass Sie für die Entlassung von Herrn Schulze sind. Damit wäre ein potenzieller Konkurrent für die in Aussicht gestellte Beförderung ja bereits aus dem Weg geräumt. Das passt Ihnen doch hervorragend in den Kram."

„Es war ja zu erwarten, dass Sie gegen die Gehaltserhöhung stimmen, wo doch jeder weiß, dass sie durch ihre Erbschaft nicht auf diesen Job angewiesen sind, so wie es bei uns der Fall ist."

Die effektivste Maßnahme gegen diese Manipulationstaktik besteht darin, die Diskussion schnellstmöglich wieder auf die sachliche Ebene zurück zu bringen und die persönlichen Angriffe auf die eigene Person zu ignorieren. Wichtig ist es natürlich auch, sich von den unfairen Manipulationsversuchen nicht aus der Fassung bringen zu lassen, sondern ruhig und gelassen bei der Sache zu bleiben.

„Ihre Behauptung hat mit dem vorliegenden Thema nichts zu tun. Ich schlage deshalb vor, wir konzentrieren uns auf die Fragen, wegen denen wir uns heute hier zusammengefunden haben."

„Diese Annahme ist keine Silbe der Erwiderung wert, denn sie ist nicht Gegenstand des heutigen Treffens. Also, zurück zum Thema… ."

„Das, was Sie hier zur Sprache bringen, geht am eigentlichen Thema vorbei. Ich würde gerne bei der Sache, über die wir hier sprechen, bleiben und nicht ständig abweichen. Kommen wir also zum nächsten Punkt."

INDIREKTER ANGRIFF AUF DIE PERSON

Der indirekte Angriff auf den gegnerischen Gesprächsteilnehmer wird subtiler ausgeführt, so dass er nicht als persönliche Attacke gewertet werden kann. Damit outet sich der Manipulator nicht als jemand, der unsachlich wird und sein Gegenüber beleidigt. Stattdessen nimmt man ihn als objektiv und themenbezogen wahr. Dabei wird bei dem indirekten Angriff auf die Person, ebenso wie bei dem direkten Angriff, die Sachebene verlassen, indem Bruchstellen zwischen den Begründungen einer Person und ihrem Leben hervorgehoben werden.

Trainer: „Es geht einfach nicht, dass man vor einem wichtigen Spiel die halbe Nacht in irgendwelchen Kneipen herumhängt."
Spieler: „Immer langsam mit der Kritik. Soviel ich weiß, haben Sie in Ihrer aktiven Zeit als Spieler in dieser Hinsicht den Vogel abgeschossen."

Peter: „Hans, Du solltest Dich mit Melanie noch einmal gründlich aussprechen, bevor Du ernsthaft eine Scheidung in Erwägung ziehst."
Hans: „Ach, da spricht wohl der Experte. Du hast Dich bereits dreimal scheiden lassen und trotzdem hältst Du Dich für den großen Beziehungsratgeber, oder was!?"

Durch den hervorgehobenen Widerspruch zwischen den gemachten Aussagen und bestimmten Lebensumständen, erscheinen die Aussagen unglaubwürdig und können niemanden mehr überzeugen, obwohl sie inhaltlich eine starke Überzeugungskraft in sich tragen. Der Manipulator hat mit der Taktik des indirekten Angriffs auf die Person keine Gegenargumente für die gegnerische Aussage vorgebracht, stattdessen hat er nur die gegnerische Position angegriffen.

Hier ist es als Gegenmaßnahme ratsam, zwischen der eigenen Aussage und dem Angriff des Manipulators zu trennen. Denn wenn erst einmal deutlich wird, dass es sich um zwei verschiedene Dinge handelt, dann kann auch nicht länger von einem Widerspruch die Rede sein.

Trainer: „Was ich gemacht habe in meiner Vergangenheit, tut hier nichts zur Sache. Es geht darum, dass man einen Tag vor einem wichtigen Spiel nicht bis spät in die Nacht in Kneipen herumhängt, weil sich das kontraproduktiv auf die Leistungsfähigkeit auswirkt.“

Peter: „Es ist für Deine Ehe ganz egal, was ich damals gemacht habe. Sich mit dem Partner hinsetzen und über alles reden, kann sicher nicht schaden.“

DIE ZIRKELSCHLUSS-TAKTIK

Bei der Zirkelschlusstaktik wird eine Position mit immer dem inhaltlich gleichen Argument begründet. Dabei wird lediglich die Formulierung leicht abgeändert, so dass dem gegnerischen Gesprächsteilnehmer nicht auffällt, dass man immer noch dasselbe Argument verwendet. Man dreht sich quasi im Kreis.

Paul und Manuela diskutieren darüber, ob sie sich einen größeren Wagen kaufen sollen.

Paul: „Also, ich bin der Meinung, dass wir einen viel größeren Wagen brauchen."
Manuela: „Warum?"
Paul: „Meiner Ansicht nach ist unser jetziger Wagen einfach zu klein."

Yvonne und Daniel debattieren darüber, ob es gut ist, Respekt vor dem Alter zu haben.

Yvonne: „Es darf einfach nicht sein, dass Kinder sich respektlos gegenüber Erwachsenen benehmen."
Daniel: „Mit welcher Begründung?"
Yvonne: „Na ja, es ist einfach nicht in Ordnung, wenn Kinder sich zu Älteren ohne Respekt verhalten."

Horst will sich in einem Fitness-Studio an-melden.

Horst: „Morgen melde ich mich in dem Fit-ness-Studio in der Stadtmitte an."
Nils: „Warum denn?"
Horst: „Weil ich stärker werden will."
Nils: „Warum willst Du stärker werden?"
Horst: „Na ja, im Moment fühle ich mich zu schwach."

Es folgen keine echten Argumente, sondern der vorgebrachte Grund speist sich aus sich selbst heraus. Man wiederholt ihn lediglich, bis er „sitzt". Man kann die Zirkelschluss-Taktik auch etwas verdeckter anwenden, indem man eine Behauptung und ein Folge-argument anführt, die im Grunde gleichzu-setzen sind.

„Ich behaupte, dass Bürokratie sich selbst ihre Existenzberechtigung schafft. Denn Bü-rokratie lebt ja schließlich durch Bürokratie."

Behauptung und Begründung sind in diesem Falle zwei inhaltlich identische Sätze, die lediglich vom Satzbau etwas abgewandelt wurden.

Hier empfiehlt es sich, die Manipulationsme-thode direkt anzusprechen und darauf hin-zuweisen, dass man sich mit der Argumentation im Kreis dreht, und dass Behauptung und Begründung identisch sind.

DIE SCHWARZFÄRBE-REI-TAKTIK

Dir Schwarzfärberei-Taktik ist schnell erklärt: Man nimmt den Standpunkt des gegnerischen Gesprächsteilnehmers auf und leitet davon die verheerendsten Folgen ab. Wenn wir Standpunkt A befolgen, erwarten uns die schlimmen Konsequenzen B. Da niemand mit diesen Konsequenzen leben will, muss Standpunkt A demnach abgelehnt werden.

Der Supermarkt X steht wegen sinkender Verkaufszahlen kurz vor dem geschäftlichen Ruin. Man hat bereits Sonder-Preisaktionen und neue Waren ausprobiert, um die Absatzzahlen wieder zu steigern, doch bislang ohne Erfolg. Die beiden Geschäftsinhaber Max und Rolf überlegen, ob sie ihre Angestellten über die eventuelle Schließung des Geschäfts informieren sollen oder nicht.

Max: „Es ist an der Zeit, der Belegschaft reinen Wein einzuschenken. Wenn es so weitergeht und wir im nächsten Quartal den Laden dicht machen müssen, dann sollten un-

sere Angestellten das so früh wie möglich erfahren, so dass sie sich bei Zeiten nach einem neuen Arbeitsplatz umschauen können."

Rolf: „Bist Du wahnsinnig? Vielleicht kriegen wir noch die Kurve und die Umsätze steigen wieder. Noch ist nichts entschieden. Aber wenn Du der Belegschaft jetzt schon erzählst, dass wir mit einer Schließung der Firma rechnen, werden sie sofort nach einem neuen Job Ausschau halten. Und dann kann es passieren, dass uns plötzlich 20% unserer Angestellten verlassen. Und wenn das geschieht, dann können wir unser Geschäft sofort schließen."

Diese Manipulationstaktik wird am besten dadurch entkräftet, indem man auf die übertrieben dargestellten Folgen hinweist und diese richtig stellt.

Max: „Die von Dir beschriebenen Folgen müssen nicht zwangsläufig eintreten, wenn wir bei unseren Angestellten eine klare Ansage machen. Ich sehe das alles nicht so negativ wie Du. Natürlich kann es passieren, dass der eine oder andere Mitarbeiter gleich nächste Woche den Betrieb verlässt, weil er eine neue Stelle gefunden hat. Aber bedenke bitte, dass wir wie eine große Familie sind und die meisten Angestellten bereits seit Jahrzehnten für unsere Firma arbeiten. Unsere Belegschaft wird meiner Ansicht nach *alles daran setzen, um die Verkaufszahlen wieder zu steigern. Und dann müssen wir gar nichts schließen."*

ALLGEMEINE VORGE-HENSWEISE

Ganz allgemein gilt: Bei Diskussionen sollte man immer sachlich bleiben und die eigenen Gefühle unter Kontrolle behalten. Das hat den unschätzbaren Vorteil, dass wir bei Manipulationsversuchen gegen uns nicht auf diesen Versuch reagieren und unsere Argumentationslinie verlassen, wie es vom Manipulator geplant ist, sondern weiterhin souverän agieren und uns nicht von unserem Weg abbringen lassen. Die meisten Menschen verlassen nämlich ihre ursprüngliche Linie und verfallen in ein Reiz-Reaktionsschema, und lassen sich auf die neue Linie des Manipulators ein. Dieser wirft uns einen Ball zu und die Meisten von uns lassen den eigenen Ball fallen, um den des Manipulators aufzufangen. Deshalb sollte man sein Ziel nie aus den Augen verlieren, so dass Ablenkungen nicht fruchten.

Für ebenso wichtig halte ich die Notwendigkeit, nichts persönlich zu nehmen während eines Streitgesprächs, ganz egal, wie manipulativ es sich entwickelt. Das Ziel bei Diskussionen ist es, eine Einigung zu erzielen. Nimmt man einen verbalen Angriff oder einen unlauteren Manipulationstrick persönlich, dann entwickeln sich schnell starke Gefühle der Abneigung gegenüber dem Manipulator. Diese Abneigung jedoch gefährdet das angestrebte Einigungsziel. Dies dürfen wir keinesfalls zulassen, denn das Ziel der Einigung sollte über unseren persönlichen Gefühlen stehen.

Im Falle einer unfairen Manipulationsmethode von der gegnerischen Seite sollte man also versuchen, die Diskussion nicht abzubrechen, sondern - je nach Erfolgsaussicht - weiter am Ball zu bleiben und der Gegenseite die Möglichkeit anzubieten, wieder auf die sachliche und faire Ebene zurück zu kommen.

Hypnose – Das Praxisbuch

 Dieses Buch beschreibt wirksame Hypnoseinduktionen, Blitzhypnose und Vertiefungstechniken für Hypnoseanwender.

Dabei wird bewusst auf zu viel Therapie verzichtet. Klare Beschreibungen, Demonstrationen, Übungsskripte, Suggestionsvorlagen und Tipps und Tricks aus der Erfahrung des Autors ermöglichen dem Leser aus der Erfahrung des Autors ermöglichen dem Leser einen schnellen und leichten Einstieg in der Praxis.

Das echte Praxisbuch: Lesen – ausprobieren – experimentieren.

ISBN-10: 3837028070

Erhältlich überall im Buchhandel, bei amazon.de und libri.de

Hypnoseskripte

Wirksame Interventionen für die Praxis

Hypnoseanwender und Interessierte finden in diesem Buch wirksame Interventionen für die Arbeit in Trance. Dabei sind die Skripte vollständig abgebildet – von der Einleitung, über die Vertiefung, bis zum Wirkteil. So kann der Anwender jedes Skript direkt, ohne viel Sucherei, in der Praxis anwenden.

Effektive Induktionstechniken und psychologisch wirksame Formulierungen, kombiniert mit direkten Suggestionen, setzen Suchprozesse in Gang und bewirken dauerhafte Veränderungen. Wie auch in seinem ersten Werk verzichtet der Autor auf lange theoretische Erklärungen,

Durchlesen – anwenden – Erfolg haben!

Tipps zur Fallaufnahme und eine Sammlung positiver Affirmationen für Gesundheit, Beruf und Partnerschaft runden den Inhalt ab.

ISBN-10: 3837091023

Erhältlich überall im Buchhandel, bei amazon.de und libri.de

Der Psycho-Bestseller

 Dieses Buch beschreibt die Möglichkeiten und Unglaublichkeiten der menschlichen Seele. Der Psycho Bestseller enthält verschiedene Werkzeuge, die Sie benötigen um das Beste aus Ihrem Leben zu machen. Ganz gleich wo Sie heute stehen und wie Sie sich fühlen, nachdem Sie dieses Buch gelesen haben, wird sich einiges in Ihrem Leben zum Besseren wenden. Was und in welchem Umfang, das bestimmen Sie selbst. Dieses Buch beschreibt die Möglichkeiten und Unglaublichkeiten der menschlichen Seele. Der Psycho Bestseller enthält verschiedene Werkzeuge, die Sie benötigen um das Beste aus Ihrem Leben zu machen. Ganz gleich wo Sie heute stehen und wie Sie sich fühlen, nachdem Sie dieses Buch gelesen haben, wird sich einiges in Ihrem Leben zum Besseren wenden. Was und in welchem Umfang, das bestimmen Sie selbst.

ISBN-10: 3837019403

Erhältlich überall im Buchhandel, bei amazon.de und libri.de

Hypnose & Regression: Grundlage, Experimente, Therapie und Coaching

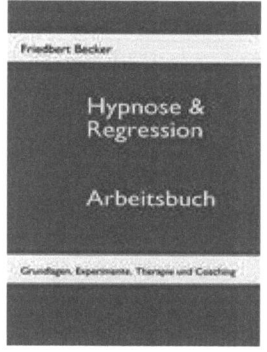

Für Einsteiger als auch für Profis ein ideales Arbeitsbuch. Anhand verschiedener Wachsuggestionsexperimenten wird der Leser mit den Gesetzmäßigkeiten der Hypnose vertraut gemacht. 11 verschiedene Induktionsmethoden werden genau erklärt. Verschiedene Trainingstipps für den Alltag, sowie interessante Experimente zielen darauf ab, die Ausstrahlung des Hypnotiseurs zu schulen, denn das A und O der Hypnose sind die nonverbalen Signale die der Hypnotiseur aussendet. Schwerpunkt dieses Arbeitsbuches sind aufdeckende Verfahren sowie die Möglichkeiten für Therapie und Coaching. Auch der erfahrene Praktiker kommt auf seine Kosten, denn der Autor erklärt hier einige seiner selbst entwickelten Techniken zum Thema Regression und Kommunikation mit dem Unbewussten. Eine Fundgrube für die tägliche Praxis.

ISBN-10: 3837066789

Erhältlich überall im Buchhandel, bei amazon.de und libri.de

Das Geheimnis befreiter Aufmerksamkeit: Trauma, Schuld und Angst

Worauf wir unsere Aufmerksamkeit richten, dorthin fließt unsere Energie und es wird zur Realität. Jedoch ist die Aufmerksamkeit vieler Menschen gefangen. Gefangen in schädlichen Glaubensmustern und ungelösten seelischen Konflikten. Diese Zustände sind für die meisten Menschen völlig normal und viele von ihnen ahnen nicht einmal was mit ihnen geschieht. In diesem Buch findet der Leser wirkungsvolle Anleitungen, was er tun kann um seine Aufmerksamkeit zurück zu erobern und ein Leben in Freiheit zu führen. Dieses Buch enthält Anleitungen zur Selbsthilfe, als auch Anleitungen dafür wie man anderen Menschen effektiv helfen kann. Es werden Methoden vorgestellt, mit denen man direkt mit dem Unbewussten kommunizieren kann. Sei es nun mit dem eigenen Unterbewusstsein oder dem Unbewussten einer anderen Person. Die Seele des Menschen weiß selbst am besten was geschehen muß um traumatische Erfahrungen, Zwänge, Ängste und andere Disharmonien aufzulösen. Wir müssen nur fragen und tun was sie uns sagt, dann können Wunder geschehen. Anhand von genauen Anleitungen und Gesprächsprotokollen wird demonstriert wie Traumatas, Zwänge, Panikattacken und destruktive Glaubensmuster in wenigen Stunden zu lösen sind.

ISBN-10: 3839167841

Erhältlich überall im Buchhandel, bei amazon.de und libri.de

Coach Dich aus der Krise: Vom Elend ins Glück

Ein Buch, das gleich zur Sache kommt. Ohne langen Umschweif führt der Autor seine Leser schon von der ersten Seite an in einen Prozess der Selbsttransformation. Ganz bewusst wird auf Effektivität weniger Maßnahmen gesetzt, die ohne große Schwierigkeiten in den Alltag integriert werden können. Maßnahmen mit sofortigen spürbaren Wirkungen motivieren die Leser zur aktiven Mitarbeit. Ein Buch für Ungeduldige und Hoffnungslose, die nicht warten wollen bis irgendwann einmal irgendetwas passiert.

ISBN-10: 3837037932

Erhältlich überall im Buchhandel, bei amazon.de und libri.de